Mme G. DUFAUX

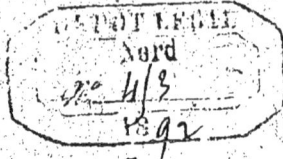

EN ALGÉRIE

Ouvrage orné de gravures

PARIS

rue des Saints-Pères, 30

J. LEFORT, IMPRIMEUR, ÉDITEUR

A. TAFFIN-LEFORT, Successeur

rue Charles de Muyssart, 24

LILLE

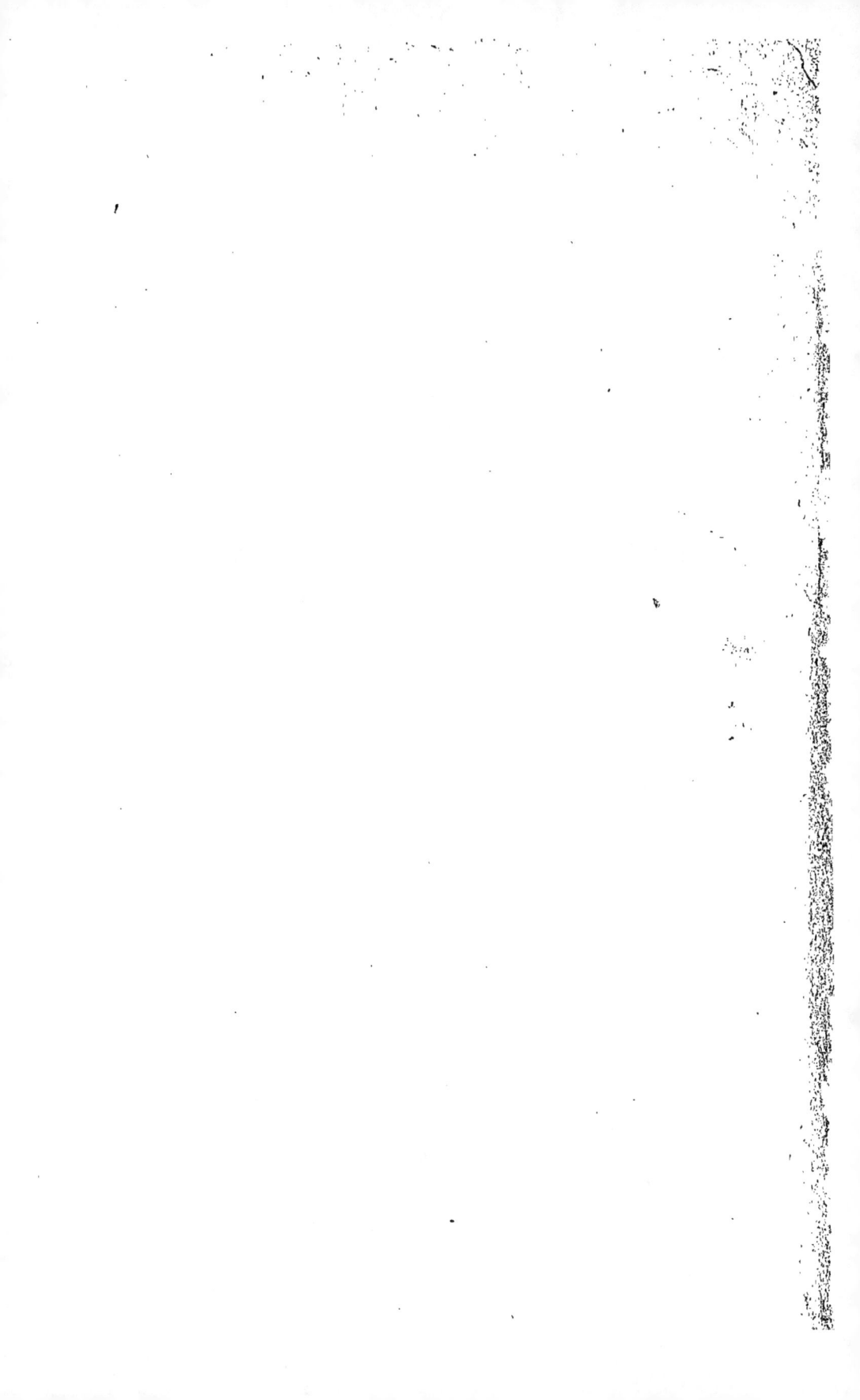

EN ALGÉRIE

In-8° 3e série.

BUGEAUD

Premier gouverneur de l'Algérie.

Mᴹᴱ G. DUFAUX

~~~~~~~~~~~

EN ALGÉRIE

Ouvrage orné de gravures

PARIS

rue des Saints-Pères   30

J. LEFORT, IMPRIMEUR, ÉDITEUR

A. TAFFIN-LEFORT, Sᴜᴄᴄᴇssᴇᴜʀ

rue Charles de Muyssart, 24

LILLE

EN ALGÉRIE

Mon voyage.

« L'Algérie est à vingt-quatre heures de Marseille, à quarante-huit heures de Paris, et elle n'est pas plus connue, de la masse des Français, que ne le sont la Cochinchine, le Tonkin, le Cambodje ou le Congo !

» Nous nous trouvons si bien, dans notre belle France, que nous ne nous donnons même pas la peine de nous informer de ce qui se passe ailleurs.

» L'Algérie mériterait cependant bien qu'on se dérangeât un peu pour elle ; c'est non seulement notre plus belle colonie, mais une des plus belles du monde.

» S'étendant, en ligne droite, en face de la France, elle nous assure la côte sud de la Méditerranée, comme nos vieilles provinces gauloises nous en garantissent la côte nord.

» Le sol en est, comme chez nous, composé de plaines, de collines et de montagnes, formant des vallées et des vallons; il produit tous les fruits de la zone tempérée et des tropiques, les céréales et la vigne, comme la datte et l'ananas, les mûriers du Dauphiné et les aulnes du nord.

» La race indigène, abrutie par de nombreux siècles d'esclavage, a cependant montré des qualités estimables dans la longue et ardente lutte qu'elle a soutenue contre nous, pour échapper à une domination dont elle n'appréciait pas les futurs bienfaits, et, tout nous fait espérer que sous les scories qui recouvrent ces âmes, il y a une couche végétale sur laquelle la civilisation pourra germer, surtout si l'on permet à la religion catholique d'y semer l'Évangile.

» Depuis soixante-deux ans que nous possédons l'Algérie, il s'y est produit tant d'événements remarquables, notre armée y a accompli tant d'actions d'éclat; notre clergé tant d'actes de charité, qu'on n'est vraiment pas excusable de n'en pas connaître au moins les principaux. »

Ainsi me parlait mon cousin Jean, un beau soir qu'il fumait sa pipe en arpentant le salon de mon petit appartement de garçon.

Jean est un fanatique de l'Algérie, où il passe presque toute sa vie, et je l'avais entendu, souvent déjà, me vanter les mérites de son pays d'adoption.

Est-ce un effet de *persuasion* lente ou bien un caprice? je ne sais; mais quand, s'arrêtant devant moi, Jean, mon cousin, me dit, pour la centième fois peut-être :

— Je vous enlève et vous embarque avec moi pour Alger.

Je ne fis qu'un bond, et, lui tendant les deux mains :

— Tope-là ! m'écriai-je gaiement, vous m'avez converti à votre idée fixe. Je vous suis !!...

Deux jours après nous étions à Marseille et courions au port, à la recherche d'un *transatlantique* disposé à nous recevoir pour la traversée.

Quel mouvement ! quelle activité, sur le quai et dans le port.

Les navires, d'abord, entrant et sortant ; puis les bateaux en décharge, rangés en file et reliés entre eux par des planchers flottants, retenus par d'énormes chaînes et des crampons de fer.

C'est là qu'on dépose les sacs, les ballots, les colis de toute espèce qui arrivent de tous les pays du monde.

On les transporte ensuite sur le quai où s'élèvent, ainsi, des montagnes de blé, de caisses, de tonneaux, prestement enlevés par des portefaix, qui les confient à de grands entrepôts destinés à les recevoir.

Un peu plus loin, d'une cheminée de navire, la vapeur gronde lugubrement, annonçant un départ. Une multitude de petites barques transportent les voyageurs, se meuvent autour des grands vaisseaux et sillonnent la rade.

Quelle agitation !... quel spectacle !...

Nous partons ; la mer est calme, splendide, ainsi que le ciel qu'elle reflète. Nous restons sur la dunette du navire et nous saluons, en passant, les Baléares, particulièrement *Mahon* dont nous apercevons les fortifications, témoin de la valeur française et du génie du maréchal de Richelieu. Puis la nuit vient.

Au petit jour, un cri s'élève : Terre! terre!...

Tout le monde court aux bastingages ; regardons devant nous.

Devant nos yeux, cette bande indécise et brumeuse, allant de l'est à l'ouest et paraissant presque au-dessous du niveau de la mer, c'est la côte algérienne, qui va émerger insensiblement.

Au milieu de cette ligne, droit devant le bout du beaupré du navire, cette tache blanche qui, peu à peu ressemble à une carrière de plâtre.... c'est Alger !

Plus rapprochés encore, nous découvrons toute la beauté étrange de la ville qui s'étend en amphithéâtre et forme un triangle dont la base s'appuie sur le rivage et au sommet duquel se trouve la *Casbah*, ou citadelle, dominée elle-même par un fort. Ses maisons blanches, recouvertes de terrasses, s'étagent en des marches grandioses partant de quais superbes, bâtis sur arcades immenses ; de chaque côté, des villas, des jardins luxuriants de végétation lui font un encadrement merveilleux de fraîcheur et de richesse.

Un dernier tour d'hélice, et le bateau s'arrête ; nous n'avons qu'à aller ranger nos affaires dans nos cabines, faire nos paquets et remonter sur le pont.... nous sommes dans le port.

Des centaines de barques assiègent le *transatlantique*;

des milliers de voix nous sollicitent en vingt idiômes différents; on ne sait auquel entendre!... Descendons !

Pour tout chrétien le premier devoir, nous devrions dire le premier besoin, en arrivant dans une ville, c'est d'aller en visiter les églises. Suivons cette impulsion de notre cœur; allons prier à la cathédrale.

La cathédrale d'Alger.

La cathédrale !... Est-ce un temple élevé par des mains chrétiennes à la gloire de Dieu, un édifice grandiose, majestueux, comme nos pères en bâtissaient pour l'édification et l'admiration des générations futures? Non ! en soixante-deux ans, le gouvernement français n'a fait construire aucun temple digne de notre culte en Algérie; les quelques chapelles qu'on y trouve sont dues à la piété, à la libéralité privées ou à l'effort de quelque congrégation religieuse.

La cathédrale d'Alger, comme les principales églises des trois provinces, est une ancienne mosquée, affectée en 1832, au culte catholique par le général duc de Rovigo, alors gouverneur général.

Mon cousin Jean me sert de guide, et j'écoute attentivement toutes les explications qu'il me donne sur ce que nous voyons.

L'intérieur de la cathédrale contient deux tombeaux, celui d'un évêque, et celui d'un arabe chrétien. Le

prélat fut Mgr Dupuch, premier évêque d'Alger ;
l'arabe s'appelait *Géronimo*. Tous deux ont droit à
nos hommages et à nos prières ; le souvenir de leur vie
et de leur mort méritent également de vivre dans la
mémoire des hommes, car ils furent deux saints et deux
martyrs, quoique à des titres divers, jugez-en vous-
mêmes.

Mgr Dupuch.

L'ouragan qui déracina, en 1830, le chêne Bour-
bonnien dont les rameaux puissants couvraient et
protégeaient depuis des siècles notre patrie, arracha,
des murs d'Alger, en même temps que les Lys, la
croix qui venait d'y être arborée.

Ce fut une dislocation, une débacle générale ; avec le
vainqueur d'Alger, brutalement exilé, presque tous les
généraux rentrèrent en France ; l'armée fut réduite
au squelette d'une division ; des soixante prêtres qui,
le matin de là bataille de Staouéli, avaient célébré
la sainte messe sur ce terrain à jamais illustre, quatre
seulement étaient restés dans la ville conquise, se
cachant plus soigneusement des Européens que des
indigènes, adorant en secret le signe de notre rédemp-
tion !... le silence dura un an.

Le 1er Mai 1831, jour de la fête du Roi, le général
Berthezène, alors commandant de l'armée d'Afrique,

jugea bon de revenir aux anciennes pratiques. Après la revue des troupes, il y eut dans une pauvre petite chapelle, une messe militaire. C'était, depuis le temps du maréchal Bourmont, le premier acte religieux auquel les vaincus, étonnés d'une indifférence qui choquait leur esprit, eussent vu s'associer les vainqueurs. Eux qui vont à la mosquée ne pouvaient pas comprendre que les chrétiens n'aillent pas à l'église.

La même courtisanerie se répéta chaque année à pareille époque, jusqu'à ce que le gouvernement de Paris, comprenant la nécessité de recourir à la religion s'il voulait faire œuvre de colonisation en Algérie, et cédant aux sollicitations de l'armée, se décida à donner au culte catholique en ce pays, une organisation régulière, en rapport avec les besoins de cette conquête. Il nomma un évêque : ce fut M. l'abbé Dupuch qui fut appelé à restaurer le *siège épiscopal* de saint Augustin.

Préconisé à Rome, le 13 Septembre 1838, le premier évêque de l'Église renaissante d'Afrique arrivait le 30 décembre à la métropole de son évêché. Il était reçu au débarcadère par le colonel Marengo, commandant la place d'Alger, *quatre prêtres* qui formaient tout le clergé de la colonie et quelques Sœurs de *Saint-Joseph* de l'Apparition.

Bientôt ce pauvre cortège se grossit, à la nouvelle qu'un évêque venait d'arriver, et Mgr Dupuch, se rendant à l'unique église de la ville, était en quelque

sorte porté par les flots pressés des Espagnols, des
Italiens et des Maltais, tombant à ses genoux pour lui
demander sa bénédiction.

Nombre de Français, aussi, étaient accourus sur
son passage. Entré dans son palais épiscopal, il y
reçut immédiatement les autorités de la colonie. A leur
tête était le maréchal Valée, gouverneur général;
venaient ensuite l'amiral Bougainville, les états-major
de la place, de la division militaire, de la marine,
ainsi que le corps municipal, les administrations civiles,
le cadi, le muphti, le pasteur protestant et quelques
colons.

Le maréchal Valée voua dès ce moment à l'évêque
la plus sincère affection.

Les enfants de Mahomet, eux-mêmes, se sentirent
subjugués par un charme irrésistible. Le cadi, suivi
de deux doctes musulmans, s'approcha, et, après avoir
considéré tantôt le nom de Dieu écrit en arabe sur
les murs du palais, tantôt la croix pectorale de
Mgr Dupuch, il prit les mains du pontife et lui dit,
en les serrant affectueusement :

— Nous savons que tu nous aimes et que tu aimes
les pauvres. N'est-ce pas que tu ne fais pas de distinction entre ceux de notre culte et ceux du tien ?

— Oui, répondit Mgr Dupuch, je regarderai les
pauvres, non pas avec les yeux, mais avec le cœur.

Le muphti, à son tour, adressa au prélat ce com-
pliment flatteur :

— Nous étions dans les ténèbres, tu as paru, le soleil

a brillé sur nous. Je prie Dieu de te donner la force d'accomplir ta mission.

L'évêque lui dit avec non moins de grâce :

— Je prie Dieu que le soleil luise pour toi sans nuages ; qu'il soit l'image du Soleil de justice, de vérité et de charité.

Quelles durent être les pensées de Mgr Dupuch, lorsque, seul avec Dieu, dans son oratoire, il considéra la tâche que la Providence venait de lui imposer ?

Un immense territoire, mais un désert ; là où il y avait autrefois trois cent cinquante-trois diocèses, des milliers d'églises et d'innombrables fidèles, un seul évêché, une mosquée transformée en église à Alger, deux misérables chapelles à Oran et à Bône ; quatre prêtres et autant de langues différentes que de populations diverses ; tout à construire et à créer. Il lui faudrait des ressources inépuisables en personnel et en argent ; il fera appel au clergé de France, qui l'entendra ; mais bientôt la méfiance du gouvernement prendra ombrage de ce mouvement apostolique, il en arrêtera l'essor ; et comme s'il n'avait créé l'évêché d'Alger que pour leurrer les catholiques, il usera envers l'évêque de la plus odieuse et de la plus misérable des parcimonies....

Mgr Dupuch a conscience des obstacles opposées à l'accomplissement de sa mission, par ceux-là mêmes qui la lui ont imposée ; mais, plein d'une généreuse ardeur, il commence son œuvre par l'adoption de pauvres enfants abandonnés. Le maréchal Valée demande à concourir à cette première fondation et le Saint-Père Grégoire XVI veut lui-même y participer.

En même temps qu'il établit la charité chrétienne en Algérie, l'évêque s'applique à y installer le culte. Il envoie à Constantine l'abbé Suchet, accouru de sa cure de Saint-Saturnin de Tours, au premier appel de Mgr Dupuch.

L'évêque va visiter la province de Constantine ; il s'arrête à Philippeville et y célèbre la sainte messe, en rase campagne, au milieu des troupes, au bruit des tambours, aux détonations du canon, et il s'écrie transporté :

— Oh ! le soldat français est bien le soldat chrétien par le cœur : il a le sentiment du beau, du sublime, et le beau, le sublime se trouvent dans la religion.

Débarquant à Bône, Mgr Dupuch trouve dans cette ville un prêtre, l'abbé Bauvay qui y exerçait depuis 1831 le saint ministère, sans autres ressources que celles que lui fournissaient les fidèles. Avec lui, en compagnie de son cher abbé Suchet et avec une forte escorte de cavalerie, l'évêque visite Hippone ; à la vue de ces ruines, pleines du souvenir de saint Augustin, l'émotion déborde de son cœur dans une touchante allocution, après la messe.

D'Hippone, Mgr Dupuch se dirige sur Guelma et, de là, sur Constantine, où sa présence et son séjour donnèrent lieu à des démonstrations émouvantes de la foi des chrétiens et du respect des Arabes.

Le vénérable prélat ne pouvait pas oublier les morts

dans cette ville où ils avaient été si nombreux. Il voulut aller prier au cimetière, et comme le champ funèbre n'avait encore reçu aucune bénédiction, il le bénit solennellement au milieu d'une foule pieuse et profondément émue.

En rentrant à Alger, Mgr Dupuch voulut célébrer la sainte messe près du marabout de Sidi-Nalef, situé sur le plateau de Staouéli, où débarquèrent les Français en 1830...

— C'est là, disait-il, qu'ont péri un grand nombre de nos frères, et que repose leur dépouille mortelle ! !... allons prier pour eux et remercier le ciel du succès de nos armes.

Par ses ordres un autel fut dressé sous un figuier aux rameaux touffus, et, à cette même place, où, quelques années auparavant, retentissaient les foudres de la guerre, les malédictions des vaincus, les cris douloureux des mourants, le prélat offrit la Victime de paix, au milieu de soldats, de colons, d'indigènes qui l'entouraient... Là encore il fit faire la première communion à une vingtaine de petits Africains et leur donna la confirmation.

Après avoir visité l'est et le centre de son diocèse, l'évêque se dirigea vers l'ouest de ses domaines spirituels qui réclamait sa présence.

Commençant par Oran, où l'attendaient 12,000 chrétiens, il y resta quinze jours, pendant lesquels il parcourut les environs de la ville. Sa présence et sa parole ranimaient la foi chez nos coreligionnaires, en même temps qu'elles provoquaient, de la part des Arabes, de véritables explosions de respect et d'admiration.

À Mostaganem, où il se rendit par mer, les musulmans lui offrirent une de leurs mosquées pour qu'elle fût affectée au culte catholique.

D'Oran, l'infatigable évêque vogue vers Bône et pose la première pierre de l'église à édifier sur l'emplacement de celle de Saint-Augustin.

À son retour d'Alger, il s'arrête à Djidjelli pour répondre au vœu du général Dampierre et de la colonne sous ses ordres. Il dit la messe en plein air, au milieu des troupes formées en carré et de nombreux Kabyles descendus de leurs nids d'aigle dans la vallée.

Dans ses voyages à travers les trois provinces de son diocèse, Mgr Dupuch fixe l'emplacement de ses futures paroisses ; en même temps, il soulage la misère des chrétiens et des infidèles, sans distinction de race, ne voulant voir en eux que les enfants du même Père, qui est dans les cieux.

C'est ainsi qu'en 1839, il fonda l'Œuvre des Orphelins, et, pendant cinq ans, il pourvut seul au logement, à l'entretien d'enfants adoptés au nom de la religion et de la... France.

L'insurrection de 1839 vint subitement troubler l'œuvre admirable de Mgr Dupuch, qui, au milieu des troubles, de l'agitation, redoubla de charité, pour toutes les misères de ceux qui venaient à Alger, chercher un refuge contre le poignard et la torche des révoltés.

« Placé au milieu d'indigents, d'affamés, dit son historien M. l'abbé Montera, au milieu d'une multitude de malheureux qui se désespéraient, il se dépouilla de tout, de sa montre, de sa chaîne d'or, de sa croix pectorale de cérémonies, d'une magnifique coupe de vermeil, don d'une amitié généreuse, d'un anneau d'un très grand prix qui avait la même origine et dont l'éclat lui était devenu insupportable à la vue de tant de souffrances, de la riche patène d'un calice, au souvenir d'une grave parole de saint Ambroise et, de son argenterie, de ses objets les plus chers, des souvenirs de famille, les plus sacrés jusqu'au dernier.

Indépendamment de ses aumônes particulières, il faisait faire tous les lundis et tous les jeudis, une distribution de pains. La porte de l'évêché était ouverte à tous les pauvres, sans distinction de culte ni de nationalité, de sorte que, pendant que le fanatisme musulman rouvrait au cœur de l'Algérie les plaies de la révolte, l'esprit chrétien travaillait, par les mains de Mgr Dupuch, à les refermer et à les guérir.

En 1841, deux années plus tard, Abd-el-Kader écrasé par nos troupes continuait cependant à guerroyer encore, et massacrait impitoyablement tous ceux des nôtres qui lui tombaient entre les mains, au point, d'autoriser son kalife, Mustapha-Ben-Tamy, à égorger trois cents prisonniers qu'il traînait après lui.

La gloire de faire disparaître cette coutume barbare, prescrite du reste par le Coran, devait appartenir à Mgr Dupuch.

Après l'enlèvement par surprise d'un sous-intendant militaire, M. Massot, l'évêque d'Alger, ému de pitié, écrivit au fier représentant du Prophète pour lui demander la liberté du prisonnier.

« Tu ne me connais pas, lui disait-il, mais je fais profession de servir Dieu et d'aimer en lui tous les hommes, ses enfants et mes frères.

» Si je pouvais monter à cheval sur-le-champ, je ne craindrais ni l'épaisseur des ténèbres, ni les rugissements de la tempête ; je partirais, j'irais me présenter à la porte de ta tente et je te dirais d'une voix à laquelle, si l'on ne m'a pas trompé, tu ne saurais pas résister : Donne-moi, rends-moi celui de mes frères qui vient de tomber entre tes mains guerrières !... mais, je ne puis point partir moi-même.

» Cependant, laisse-moi dépêcher vers toi, l'un de mes serviteurs, et suppléer par cette lettre, écrite à la hâte, à ma parole que le ciel eût béni, car je l'implore du fond du cœur. Je n'ai ni or ni argent, et ne peut t'offrir que la prière d'une âme sincère et la reconnaissance la plus profondément sentie de la famille, au nom de laquelle je t'écris. Bienheureux les miséricordieux, car il leur sera fait miséricorde à eux-mêmes. »

Précisément, notre armée tenait captifs plusieurs chefs arabes importants et des proches parents d'Abd-el-Kader, qui saisit l'occasion que lui offrait Mgr Dupuch, pour tenter un échange de prisonniers.

Il répondit dans ce sens à la prière de l'évêque :

« J'ai reçu ta lettre et je l'ai comprise, écrivait l'émir, elle ne m'a pas surpris, d'après ce que j'avais entendu raconter de ton caractère sacré. Pourtant, permets-moi de te faire remarquer qu'au double titre que tu prends de serviteur de Dieu et d'ami des hommes tes frères, tu aurais dû me demander non la liberté d'un seul, mais bien plutôt celle de tous les chrétiens qui ont été faits prisonniers depuis la reprise des hostilités.

» Bien plus, est-ce que tu ne serais pas deux fois digne de la mission dont tu me parles, si, ne te contentant pas de procurer un pareil bienfait à deux ou trois cents chrétiens, tu tentais encore d'en étendre la faveur à un nombre correspondant de musulmans qui languissent dans vos prisons?

» Il est écrit : « Faites aux autres, ce que vous voudriez qu'on fît à vous-même. »

Cette lettre remplit de joie le cœur de l'évêque, la leçon de charité que l'émir avait la prétention de lui donner lui importait peu... Ses espérances étaient dépassées : au lieu d'un seul captif à délivrer, il allait en avoir cinq ou six cents, car les prisonniers arabes ne l'intéressaient pas moins que les chrétiens... et l'émir lui offrait lui-même ce qu'il n'avait pas osé demander !...

Sollicité par Mgr Dupuch, le général Bugeaud l'autorisa à entrer en négociations avec Abd-el-Kader.

Le 19 mai, au matin, on put voir mille à douze cents cavaliers arabes conduisant aux Français les captifs chrétiens ; Mgr Dupuch qui s'était porté au devant d'eux, rendit les prisonniers arabes à leurs coreligionnaires, qui les accueillirent avec des cris de joie, tandis que, lui-même, les yeux baignés de larmes, recevait nos pauvres compatriotes, parmi lesquels le sous-intendant Massot.

La délivrance des prisonniers n'absorba pas Mgr Dupuch tout entier; il poursuivit le développement de ses œuvres, l'installation des églises, des couvents, des prêtres et religieux qui devaient l'aider à assurer le culte catholique.

Tant de travaux finirent par altérer la santé de l'admirable prélat, au point que les médecins lui prescrivirent un voyage hors de l'Algérie. Il leur obéit, mais, profita de cette prescription pour aller en Italie faire un pèlerinage au tombeau de saint Augustin et solliciter du chapitre de Pavie, gardien des ossements du saint évêque, une portion de ses restes sacrés pour la nouvelle église d'Hippone, que son zèle pieux entreprenait d'édifier sur l'emplacement de l'ancienne.

Les chanoines de Pavie, ainsi que le Saint-Père accédèrent au vœu de l'évêque d'Alger, qui fut mis en possession de son précieux trésor.

Les reliques de saint Augustin.

Le 25 octobre, le vapeur de l'État, *Gassendi*, quittait Toulon, emportant, vers l'Afrique, Mgr Dupuch, l'archevêque de Bordeaux, NN. SS. les évêques de

MARÉCHAL VALÉE (Voir p. 12).

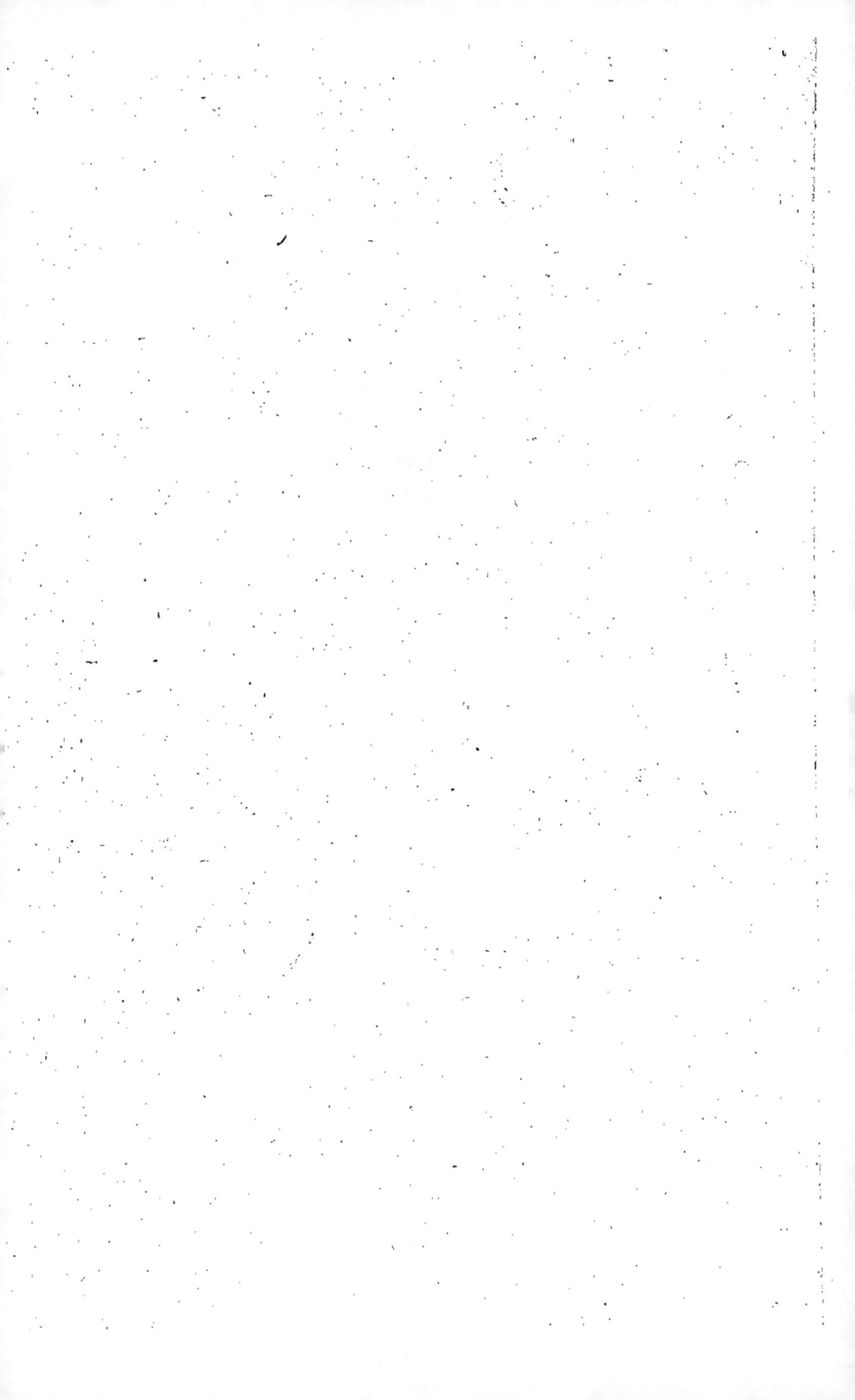

Marseille, de Digne, de Valence, de Châlons et de Nevers, qui faisaient cortège aux saintes reliques. Le 28, au point du jour, on se trouvait en face de Bône.

Au signal d'un coup de canon, disant l'arrivée du bateau, la population, en foule, se porta vers le rivage, et, par un soleil radieux, vers huit heures, une flotille d'une douzaine de canots se détacha du vapeur et s'avança, lentement, vers la ville.

Dans le premier était Mgr Dupuch, portant la châsse de cristal et d'argent qui renfermait la relique, *l'ulna*, c'est-à-dire l'os du coude du bras droit.

Les évêques suivaient en rochet et en mitre; après eux, les prêtres, en habit de chœur.

Une chaloupe portait les Sœurs de la Doctrine Chrétienne; une autre, les Frères Hospitaliers. De chaque embarcation s'élevait le chant des psaumes, comme la voix du Seigneur, du milieu des flots.

Le cortège, ayant pris terre, passa sous un arc de triomphe et traversa les foules, agenouillées, que contenaient avec peine les troupes, formant la haie, avec l'appui des autorités civiles et militaires. La relique fut portée, processionnellement de Bône à Hippone où elle reprit la place qu'on ne lui avait fait quitter que pour la sauver d'une destruction certaine.

En effet, saint Augustin était mort sur son siège épiscopal, mais les Vandales, qui avaient troublé ses derniers jours, menaçant sa tombe, les successeurs du grand évêque transportèrent ses restes en Sardaigne.

Deux siècles après, les Sarrasins s'étant emparés de cette île, un pieux roi lombard, *Luitprand*, racheta le corps de saint Augustin, qui trouva à Pavie, un asile digne de sa gloire.

Mgr Dupuch, devait encore faire mieux et le rendre à sa sépulture première. Du reste, il devait être donné à l'évêque d'Alger, d'honorer son épiscopat, par la possession des ossements vénérés d'anciens prélats d'Afrique.

Après ceux de saint Augustin, replacés dans l'église d'Hippone, il eut le bonheur de recueillir les restes d'un prélat de la Mauritanie Tangitane, enseveli depuis quatorze siècles sous les cendres d'un vaste incendie, recouvertes elles-mêmes d'une épaisse couche de terre!

Ce fut au général Bugeaud que l'évêque dut cette seconde joie.

Le tombeau de l'évêque Réparatus.

Nos troupes traçaient l'enceinte d'un poste qui devint *Orléansville*, d'une assez grande importance aujourd'hui.

Après avoir traversé une couche de terre d'environ un mètre cinquante d'épaisseur, la pioche des travailleurs en rencontra une seconde, formée de cendres et d'une égale profondeur, s'étendant sous tout l'espace indiqué par le général pour les fortifications et les constructions de la nouvelle ville.

Il était mathématiquement tombé sur *Castellum Tingitii*, brûlé par les Vandales, en 428.

A chaque instant on trouvait des ruines, les unes calcinées, les autres ayant échappé à l'action du feu; enfin, on mit à jour une église dans tout son pourtour. Déblayées avec soin, ces ruines offrirent au regard, une mosaïque de toute beauté et un sarcophage en pierre sur lequel était gravé le nom de « *Reparatus, episcopus.* »

Instruit de cette découverte, le général Bugeaud en donna avis à Mgr Dupuch, qui accourut à Orléansville.

Soit par nécessité de ravitaillement, soit par préméditation du général, toutes les troupes, qui guerroyaient au loin, se trouvèrent réunies à Orléansville, à l'arrivée de l'Évêque.

Une reconnaissance scrupuleuse ayant été faite du précieux tombeau, il fut décidé que Mgr Dupuch en prendrait possession, au nom de l'Église renaissante d'Afrique.

A cet effet, un autel fut dressé sur le tombeau de *Reparatus* et l'évêque y célébra la messe au milieu d'un carré formé par l'armée.

Au centre et près de l'autel se tenaient le gouverneur général, les divisionnaires et brigadiers, ayant derrière eux, leurs états-majors. Au commencement du service divin, à l'élévation et à la fin de la messe, toutes les batteries d'artillerie firent feu, les centaines de tambours, trompettes et clairons se firent entendre, un frémissement courut dans cette masse de guerriers chrétiens....

L'évêque semblait transfiguré; son enthousiasme
éclata en une improvisation qui fit tressaillir l'armée,
de son illustre chef au dernier soldat....

Jours de deuil.

A partir de cette fête radieuse, des souffrances
cruelles atteignirent Mgr Dupuch, et les jours de son
épiscopat furent des jours d'épreuves pour le vénérable
prélat. Il eut à souffrir, comme évêque et comme
administrateur, jusqu'à ce que, vaincu par l'adversité,
il quittât le siège où pendant sept ans, il avait prodigué
sans mesure sa piété, son dévouement, sa santé et sa
vie.

Pontife de la religion chrétienne, il eut à lutter
contre l'hostilité manifeste du pouvoir central, adversaire du dogme dont il avait le dépôt.

Le directeur civil de l'Algérie, sous prétexte de
ménager les susceptibilités des musulmans, alla jusqu'à
interdire dans les hôpitaux tout signe extérieur du
culte catholique, commençant ainsi, une série de
mesures odieuses et ridicules contre tout ce qui repré-
sentait, en Afrique, la piété et la charité.

Il arriva même qu'une enquête fut ouverte pour
convaincre les Sœurs d'abus et de prosélytisme; un
médecin civil déclara que les religieuses ourdissaient
certainement un complot, car il les avait surprises « *dis-*

tribuant des médailles à leurs affidés, en signe de ral-
liement. »

D'autres abus de cette force étaient signalés et le
ministre de la guerre ne craignit pas de signifier le
3 Juin 1846, que la population catholique était *la
seule dont le clergé eût à s'occuper.*

On oubliait que des milliers d'Arabes avaient été
sauvés, par nos évêques, de la misère et de la faim,
aux époques de la disette et de l'épidémie ! Et la
persécution continua ! Un prêtre fut officiellement
réprimandé pour avoir discuté sur la religion avec des
Arabes.

Un missionnaire, venant de la Syrie, reçut défense
de mettre pied à terre sur le rivage Algérien, parce
qu'il parlait l'Arabe et qu'il eût pu causer avec les
indigènes.

On voulut défendre à l'évêque de laisser apprendre
l'arabe à ses jeunes élèves des séminaires.

Tout prêtre, convaincu d'avoir fait le catéchisme à
deux ou trois Arabes, serait immédiatement embarqué
pour la France.

Tandis qu'on menaçait ainsi la religion chrétienne,
on favorisait les musulmans, jusqu'à bâtir des Mosquées
à Philippeville, par exemple, alors qu'il ne s'y trouvait pas un Arabe.

Tant de vexations arrachèrent à Mgr Dupuch un cri
d'indignation que traduisit une de ses lettres au Pape :

« Père Saint, disait-il, il eût fallu sinon être aidé,
encouragé, favorisé d'une manière quelconque par le

gouvernement de mon pays, du moins ne pas être perpétuellement contrarié, traversé, soupçonné, empêché, indirectement, directement même parfois, sur ce point capital. Mieux ! oh ! oui, mieux eût valu mille fois, pour un évêque missionnaire, et le premier évêque d'Alger ne pouvait pas ne pas l'être, la cangue sous laquelle prêchent encore les apôtres dont la parole n'est pas liée, ou le fer sous lequel ruisselle, toujours féconde, avec leur sang, la semence des chrétiens, selon ce que répétèrent les premiers échos de cette terre, à la voix de son Tertullien. »

A ces difficultés se joignirent, pour Mgr Dupuch, des obstacles matériels contre lesquels il se brisa. Ce furent les grandes dépenses nécessitées par l'établissement du culte, la disproportion énorme entre les besoins urgents et les ressources dérisoires mises par l'État à la disposition de l'évêque.

Mgr Dupuch devait pourvoir à tout : à la subsistance des prêtres, à l'entretien du grand et du petit Séminaire, à celui des établissements de charité. Il succomba sous le poids trop lourd, qu'il avait pris....

Le 9 décembre, le vénérable prélat envoyant sa démission à Rome, se retira, à la Trappe de Staouéli, pensant y finir ses jours.

Il en sortit pourtant et la mort le prit à Bordeaux, le 18 juillet 1856.

Comme il arrive trop souvent, hélas ! les hommes comprirent alors seulement la perte qu'ils venaient de faire. Son dévouement et ses souffrances lui mirent l'auréole au front, et sa dépouille mortelle, d'abord déposée dans l'église primatiale de Bordeaux, fut transportée à Alger, sur la demande de Mgr Pavy, son successeur à l'Épiscopat africain.

Depuis, les catholiques ne sauraient entrer à la cathédrale d'Alger, sans s'approcher de cette grande tombe d'évêque. Ils veulent implorer celui qui, le premier, travailla au rétablissement de leur culte dans un pays où il eut à lutter, non seulement contre l'hérésie, mais encore contre l'apostasie de compatriotes qui l'arrêtaient dans son œuvre admirable de prosélytisme et de charité.

Malgré tout, dans la mort comme dans la vie, le digne prélat ne quitte pas *l'Arabe*, qu'il essaya d'arracher à l'erreur et de conduire à la vie éternelle.

Dieu semble le prouver, en permettant qu'à côté de sa tombe vinssent reposer les ossements d'un musulman héroïque, martyr de la foi chrétienne, trois siècles auparavant.

Voici dans quelles circonstances fut érigé le second tombeau que nous voyons dans la cathédrale d'Alger, et sur lequel est inscrit le nom de l'Arabe *Géronimo*.

L'arabe Géronimo.

En 1853, il était question de raser le fort des *Vingt-Quatre-Heures*, pour dégager l'esplanade de Bab-el-Oued et y établir un parc d'artillerie. On était

en marché avec un entrepreneur civil, pour les travaux
de démolition, lorsque de vieux papiers, des récits
d'un chroniqueur ancien nommé Haëdo, tombèrent
entre les mains du savant-bibliothécaire de la ville
d'Alger, M. Berbruger, qui en communiqua le texte
au général et à l'évêque, en même temps qu'il en
publiait une traduction dans le journal *l'Akbar*.

Haëdo parlait de *Géronimo* pris, tout enfant, par
les Espagnols en 1538, et vendu comme esclave au
vicaire général de la ville, Jean Caro, qui l'éleva dans
la religion chrétienne et le baptisa.

A l'âge de dix ans, il fut repris par les Maures et
rendu par eux à sa tribu. Il y resta jusqu'en 1559,
sans que les pratiques musulmanes, auxquelles il était
astreint, lui fissent oublier son baptême.

Il s'enfuit un jour et retourna chez son père adoptif,
Jean Caro. Il avait alors vingt-cinq ans, et le véné-
nérable ecclésiastique le maria à une jeune mauresque,
convertie au christianisme.

Géronimo, entra dans les troupes espagnoles et il
arriva qu'ayant pris la mer avec neuf soldats, pour
donner la chasse à un brigantin algérien, il fut fait
prisonnier, ainsi que ses compagnons.

Dans la répartition des captifs, Géronimo échut, au
dey d'Alger, qui était Euldj-Ali, un renégat calabrais.
Furieux d'apprendre que cet esclave chrétien était un
musulman converti, le dey voulut le faire apostasier;
mais il se heurta à une résistance que ni les menaces,
ni les mauvais traitements ne purent faire fléchir.

Euldj-Ali, résolut de le faire mourir d'une mort si atroce, qu'elle fût un épouvantail pour tous les chrétiens, et voici ce qu'il trouva dans sa recherche d'un raffinement de cruauté.

On construisait, par son ordre, en dehors de la porte de Bab-el-Oued, un fort dont les murs se montaient en pisé, à l'aide de caisses de bois qu'on remplissait de terre fortement tassée. L'idée infernale vint au dey d'ensevelir Géronimo vivant...

Averti du dessein d'Euldj-Ali, par le maître maçon Michel, esclave chrétien, Géronimo se confessa à un de ces prêtres, qui, avant saint Vincent de Paul, allaient, captifs volontaires, s'enfermer dans les bagnes pour donner les secours de la religion à leurs malheureux compagnons.

« Géronimo communia avant le jour ; et, c'est avec ces armes spirituelles et sempiternelles, dit Haëdo, dont les chroniques perpétuaient ainsi le drame, c'est ainsi que le confesseur de Dieu se fortifia et attendit l'heure où le ministre de Satan devait le conduire à la mort.

» Traîné au lieu du supplice, Géronimo fut interterpellé par le dey :

» — Holà ! chien, lui cria-t-il, pourquoi ne veux-tu pas être musulman ?

» — Je ne le serai pour aucune chose au monde, répliqua Géronimo, chrétien je suis, chrétien je resterai.

» — Si tu ne m'obéis pas, je t'enterre tout vif !

» — Fais ce que tu voudras, répondit l'héroïque

confesseur, je suis préparé à tout; rien ne me fera
abandonner la foi en Notre Seigneur Jésus-Christ. »

A cette réponse, Euldj-Ali, frémissant de rage, fit
coucher Géronimo, pieds et poings liés, dans le moule
à pisé; on commença à le couvrir de terre; un renégat, nommé Temango, s'armant d'un pilon, sauta
dans la caisse qu'on continuait de remplir et la foula
avec acharnement. D'autres renégats l'imitèrent.

« Confiants dans la miséricorde de Dieu, achevait
le chroniqueur Haëdo, nous espérons de sa bonté
qu'un jour nous tirerons Géronimo de cet endroit et
qu'avec les corps des autres saints martyrs du Christ,
qui ont consacré cette terre par leur sang et leur mort,
nous les placerons dans un lieu plus honorable pour
la gloire du Seigneur, qui nous a laissé, à nous autres,
captifs, de tels saints et de tels exemples. »

L'espoir d'Haëdo devait se réaliser trois siècles
plus tard seulement! le 27 décembre 1853...

Son récit, découvert par le savant M. Berbruger,
devait en effet produire alors une émotion profonde...

Les pourparlers avec l'entrepreneur cessèrent et
'artillerie se chargea de la démolition du fort. M. le
capitaine Susoni en eut la direction et y apporta les
soins qu'exigeait la crainte de compromettre la découverte qu'on se promettait.

Les espérances furent d'abord ébranlées, parce
qu'on avait mal interprété Haëdo, dans ses indications
sur la partie du fort où devait se trouver le corps de
Géronimo; mais un artilleur, nommé Blot, découvrit

tout-à-coup un enfoncement dans lequel se trouvait un squelette.

« A l'instant, les travaux cessent, dit Mgr Pavy, dans une lettre sur ce sujet, adressée aux conseils de la Propagation de la Foi, M. le capitaine Susoni est averti. A la position des ossements, à la terre qui les couvre, aux débris de la corde qui liait les mains de la victime d'Euldj-Ali, il reconnaît Géronimo. M. Berbruger accourt des premiers et partage la même conviction.

» Alors on me fait prévenir; je me hâte vers la glorieuse tombe avec les prêtres qui étaient autour de moi. Je contemple de mes yeux ce spectacle avec une émotion d'autant plus grande que ma position de Juge m'imposait plus de réserve. Un coup d'œil me suffit pour me convaincre, mais je me tus. »

« Après avoir donné les ordres nécessaires pour la garde du corps, j'avertis moi-même MM. le Gouverneur général et le Préfet d'Alger. »

Sa Grandeur fit habilement coïncider la pose de la première pierre du nouveau parc d'artillerie avec la translation des restes du vénérable Géronimo, si bien que les autorités civiles et militaires concoururent, comme par hasard, à la manifestation religieuse.

Après la pose de cette pierre et les quelques coups frappés sur elle avec le marteau d'argent, après un très beau discours sur la guerre, par Monseigneur, l'imposant cortège se groupa autour du squelette de Géronimo; puis il gagna la ville, « par le même chemin qu'avait suivi le martyr marchant à la mort. »

Les autorités de la colonie suivaient le cortège : la gendarmerie et la milice à cheval fermaient la marche.

Une foule innombrable et parfaitement recueillie encombrait les rues par où passait le cortége, se pressait aux croisées, se penchait aux terrasses! Pas un point, pas un débouché, pas une ouverture, pas une maison qui ne fût garnie de spectacteurs... Sous les arcades de l'hôpital civil même, on trouva, assis, les malades que la gravité de leur position n'avait pas forcés de rester au lit ou dans leurs salles...

Arrivés à la cathédrale, on plaça la châsse et les précieux ossements qu'elle contenait dans une petite sacristie. Le lendemain, le bloc fut posé dans la chapelle destinée à Géronimo.

Pendant que mon cousin Jean achevait de me conter l'histoire du saint Martyr, je relisais l'inscription latine gravée sur une tablette de marbre, et si imposante dans son laconisme :

« Ossements du vénérable Géronimo, serviteur de Dieu, que l'histoire rapporte avoir souffert la mort pour la foi chrétienne dans le fort dit « *des Vingt-Quatre-Heures* » où il a été découvert d'une manière providentielle et inattendue, le 27 décembre 1853. »

Ainsi donc, s'expliquait, s'appuyait la persuasion douce de Mgr Dupuch, victime des hommes comme l'arabe Géronimo, son voisin dans la mort, et si ardemment convaincu d'arriver un jour à la conversion des musulmans qui ont déjà donné des martyrs...

Cette pensée consolante me retint dans le pieux
souvenir de Géronimo: quittant la cathédrale, je deman-
dais à mon complaisant cicérone de me conduire vers
le lieu du martyre de l'Arabe chrétien.

Hors de la ville.

Laissant les rues à arcades où les magasins de
modes françaises coudoient les boutiques de juifs ou
d'indigènes, dans lesquelles s'entassent les objets les
plus exotiques, les parfums les plus violents, nous
sortimes de la ville par la porte Bab-el-Oued.

On est là, sur une grande esplanade où s'élèvent les
constructions de l'arsenal d'artillerie, bâti sur l'emplacement du fort « *des Vingt-Quatre-Heures* » entièrement démoli aujourd'hui... et sur le théâtre du martyre
de Géronimo.

A sa droite, on a la mer ; à sa gauche, le jardin
anglais, nommé *Jardin de Marengo*, qui couvre la
colline au sommet de laquelle est la « *Casbah.* »

Allant toujours à l'ouest, on trouve *l'hôpital du Dey*,
délicieux palais d'été des anciens souverains d'Alger.
Consacré, dès les premiers jours de la conquête, au
service hospitalier de l'armée d'occupation, il a pourtant
gardé ses colonnes de marbre blanc, ses revêtements
de faïences de couleurs vives et joyeuses, ses eaux
jaillissantes, ses fleurs, ses arbustes, ses plantes de

toutes les latitudes... c'est toujours un site enchanteur...
abritant aujourd'hui les tristes souffrances de notre
misérable humanité.

Plus loin, vers la *Pointe-Pescade* et le charmant
village de Saint-Eugène, la villa de l'évêque d'Alger
où, le vénéré Prélat, qui préside au culte dans cette province, vient, de temps à autre, prendre quelque repos,
et s'assurer des progrès que font, dans la science et la
piété, les élèves du petit Séminaire bâti pour eux
entre la villa et le sanctuaire de *Notre-Dame d'Afrique*.

Notre-Dame d'Afrique.

L'église, érigée en l'honneur de la Vierge Marie,
domine gracieusement le village de Saint-Eugène.

Les marins la voient de loin; elle est pour eux, une
seconde *Notre-Dame de la Garde*, les protégeant du
rivage sud de la Méditerranée, comme celle de Marseille,
les bénit du nord !...

Nous y montons, par une route charmante, au
milieu d'une végétation luxuriante, accompagnés par
les oiseaux chanteurs et le parfum des orangers en
fleurs.

— C'est encore à Mgr Pavy que nous devons cet
admirable sanctuaire, me dit le cousin Jean, comme si
ce côté d'Alger, qui a bu le sang du martyr Géronimo,
dût plus particulièrement attirer les chrétiens; c'est de

là que viennent s'élever les prières les plus ardentes, les plus nombreuses....

Placer l'Algérie sous la protection toute particulière de la Sainte Vierge était une œuvre pie qui devait intéresser tous les cœurs chrétiens.

Les offrandes affluèrent chez Mgr Pavy.

Un de ces dons toucha profondément le vénérable évêque ; envoyé directement de Sébastopol, il était dû au général Pélissier, qui avait appris, de Monseigneur lui-même, la fondation de la chapelle africaine.

L'illustre général avait le commandement en chef de l'armée d'Orient. La France suivait avec anxiété les mouvements de notre armée ; l'Algérie, elle, vivait plus en Crimée qu'en Afrique. N'est-elle pas la terre classique de l'armée, puisqu'elle a vu passer et grandir tous nos généraux ?

Mgr Pavy ordonna au milieu du mois de Marie de 1856, une neuvaine de prières pour le succès de nos armes.

Les vœux les plus ardents montaient chaque jour vers le ciel, et le 8 septembre suivant, Sébastopol tombait entre nos mains.

En reconnaissance de l'intervention de la Sainte Vierge, le vainqueur de la Crimée, le général Pélissier, envoya un riche don en argent à Notre-Dame d'Afrique et une croix, détachée de l'une des flèches de la cité vaincue, pour être placée sur le frontispice de la chapelle en construction.

Déjà, après la prise de Laghouat, en 1852, il avait

fait parvenir à l'évêque d'Alger les plus belles palmes
de l'Oasis, pour être bénites le dimanche des Rameaux
et offertes en hommage au Dieu des armées. A son lit
de mort, le général légua son épée de Sébastopol à
Notre-Dame d'Afrique, comme un trophée d'amour et
de reconnaissance, devant reposer aux pieds de la
statue de Marie, avec celle d'un des brillants soldats
qu'ait produits l'Algérie, le général Yusuf.

La dévotion envers Marie, la confiance en sa divine
bonté, furent toujours profondément enracinées dans le
cœur du général Pélissier.

« Il fallait le voir, dit un historien, agenouillé devant
l'image de la Sainte Vierge, à côté de la duchesse de
Malakoff, quand sa fille était malade. Avec quelle
ferveur il priait ! Quel amour il témoignait à sa sou-
veraine. »

Ces sentiments de piété intime se trouvent nettement
exprimés dans cette phrase de la lettre d'envoi des
dons de Sébastopol, à l'évêque d'Alger :

« N'oublions pas que l'homme le plus fort et le plus
habile n'est aux mains de Dieu qu'un instrument
auquel ce grand Roi donne ou refuse à son gré la
victoire. »

Il ne fut pas le seul à montrer si grande piété.

Le général de Martimprey envoya à Mgr Pavy, cinq
cents fusils pris aux *Flittas* qu'il venait de désarmer,
avec prière d'en faire une balustrade ou une grille à
Notre-Dame d'Afrique.

Le général Lasserre, lui, remit cent quatre-vingts

francs que les officiers de sa division avaient recueillis entre eux, pour la chapelle en construction.

Le colonel du 43ᵉ de ligne, M. Wolf, lui fit parvenir cent quatre-vingt-dix-huit francs cinquante, produit d'une souscription ouverte dans son régiment.

Et c'est ainsi que, lentement, s'éleva Notre-Dame d'Afrique, qui est aujourd'hui un lieu de pèlerinage des plus renommés, un des sanctuaires les plus vénérés.

Alger.

Notre première pensée, en débarquant avait été une prière.... De la cathédrale à Notre-Dame d'Afrique ! deux pèlerinages que notre cœur et notre piété nous imposaient.

Ce premier devoir rempli, le cousin Jean, à qui j'avais promis obéissance passive, décida que nous resterions quelques jours stationnaires, et je n'en fus pas fâché.

« Vivre c'est quelque chose pour apprendre, mais voyager c'est mieux, » disait-il avec raison.

Pourtant, faut-il encore aller lentement, afin d'étudier non seulement le pays et les sîtes, mais encore les êtres qui le complètent et lui donnent sa physionomie vraie.

Aussi, ce fut une joie pour moi de m'attarder à Alger, qui est toujours *El-bahodja*, c'est-à-dire, la plus blanche ville d'Orient; quand le soleil se lève, quand elle s'illumine à ses rayons vermeils, on la croirait sortie d'un bloc de marbre blanc.

Flanquée de deux forts, terminée par les bâtiments de la marine, formant une jolie ligne architecturale qui se mire dans les eaux bleu pâle du port, Alger renferme deux villes distinctes, la ville européenne qui occupe les bas quartiers, et la ville arabe, qui se presse comme autrefois, autour de la *Kasbah*, où les zouaves ont remplacé les janissaires.

A ses portes, on trouve des promenades délicieuses; le *jardin d'essai*, le *ravin de la femme sauvage*, autant de courses charmantes que nous ne manquons pas de faire, le cousin Jean et moi.

Nous montons gaiement dans ces voitures faites exprès pour le Midi et qui vous abritent à peu près comme un parasol et vous éventent avec des rideaux toujours agités.

Ces carrioles, qu'on appelle « voiturins, » à Alger, sont aussi mal suspendues que possible, mais vont horriblement vite, et, chose incroyable. ne versent presque jamais.... Leur vrai nom là-bas est *corricolos*, d'un nom bien exact, puisqu'elles vont toujours au galop, comme si chacune portait un message pressé.

Chaque jour, dans un de ces équipages fantastiques nous parcourons les environs d'Alger, tantôt côtoyant la mer, tantôt longeant les ravins profonds.

Nous rencontrons des promeneurs à pieds, à cheval, des chariots militaires transportant du fourrage, des

GÉNÉRAL YUSUF (Voir p. 38).

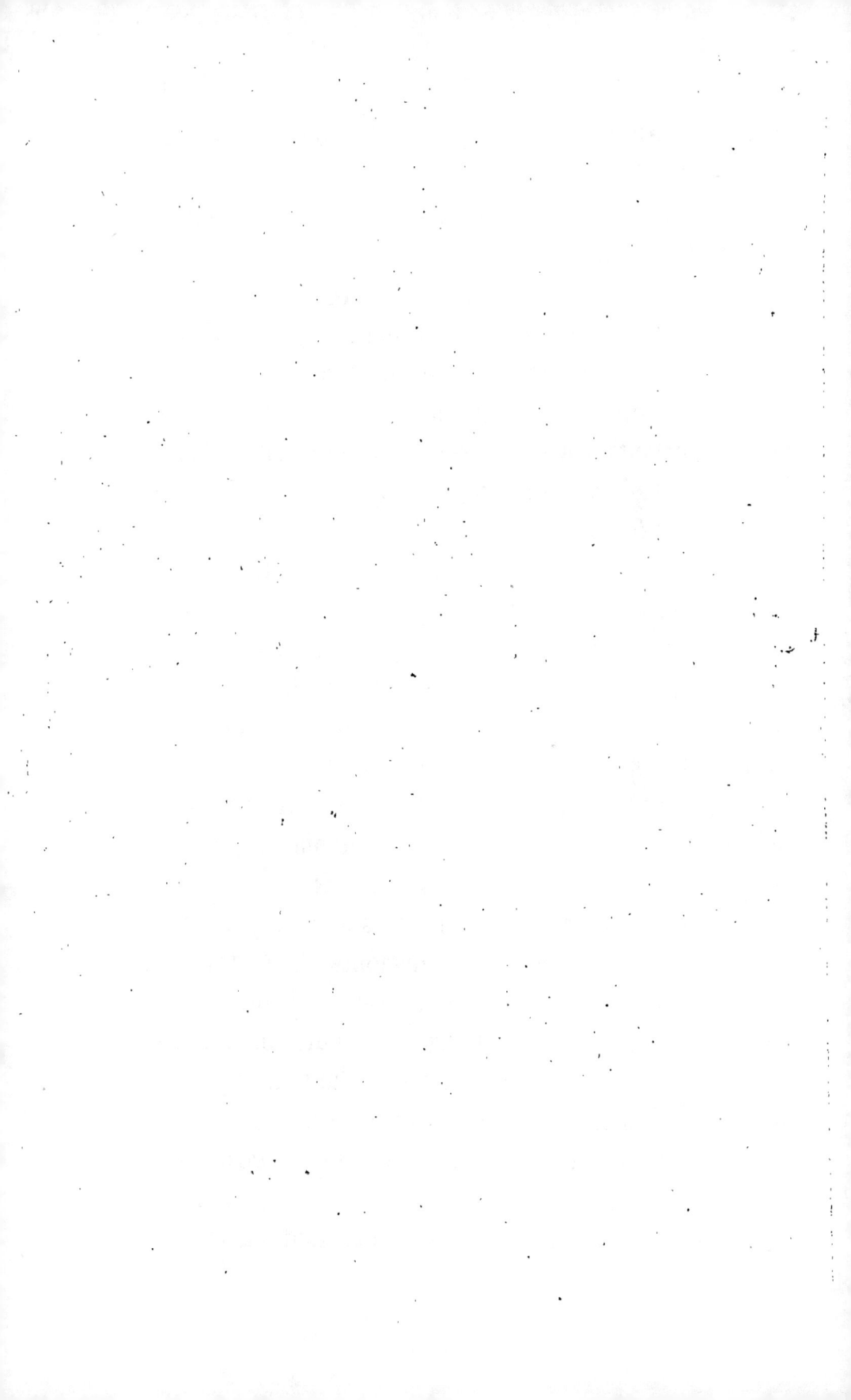

mendiants arabes, demi-nus, d'autres conduisant leurs
ânes, trottant avec eux, s'ils sont chargés, les stimu-
lant par un cri du gosier, bizarre, strident, qui leur est
particulier.

Nous nous arrêtons parfois, près d'une fontaine
presque toujours en maçonnerie blanche, et, soignée,
entretenue comme chose précieuse et rare.

Un autre jour, nous visitons les cimetières; l'un des
plus importants est consacré à un marabout célèbre,
Sid-Ab-del-Kader, qui s'y repose depuis des siècles dans
un petit monument, dans lequel les pèlerins se glissent
furtivement par des portes, étroites et hautes, se re-
fermant brusquement sur eux.

Un vieux Maure garde ce lieu, tandis que des femmes,
des enfants viennent, en bande indifférente et souvent
joyeuse, fouler les tombes, jeter des pelures d'oranges
ou des restes de repas fait en famille.

Le vendredi surtout, les femmes se réunissent dans
les cimetières, en véritables parties de plaisirs, et sous
prétexte de rendre hommage aux morts.

Près des tombes, toujours très simples et faites
d'un bloc de maçonnerie, surmonté d'un turban,
grossièrement sculpté, les Mauresques viennent, en
grande toilette, faisant étalage de leurs plus belles
parures, couvertes de bijoux, s'installant, mangeant et
bavardant, pendant des journées entières....

Les regardant de loin, pour ne pas les effaroucher,
nous entendons un chuchottement général, fait de notes
gutturales ou de cris suraigus, qui en font un ramage

comparable à celui d'une grande troupe d'oiseaux en révolte.

Lorsque le soir approche, à mesure que l'obscurité tombe, les rangs s'éclaircissent. Des omnibus qui stationnent à peu de distance du cimetière, emportent ces singulières visiteuses des morts et les ramènent à Alger.

Pendant toutes nos promenades, le cousin Jean continue de me parler du pays qu'il me fait ainsi visiter afin que je puisse le bien connaître.

Un matin, assis sur la place du gouvernement, nous regardions la foule passer devant nous, et je m'extasiais sur la diversité de costumes et de types qui défilait devant nos yeux.

« En résumé, me dit mon cousin Jean, Alger est une ville arabe, habitée par des *Maures*. Le reste est mêlé de nègres, d'émigrants biskris ou mzabites, de Juifs parlant la langue commune, enfin de quelques Arabes, mais en bien petit nombre.

» Les historiens ont beaucoup écrit sur les Maures.

» D'où viennent-ils? qui sont-ils? à quelle famille orientale les rattacher? Viennent-ils des Maures d'Espagne?

» Doit-on y voir, au contraire, un produit mélangé de toutes les invasions? un composé de sang barbare et de sang gréco-romain? La question reste douteuse!

» En tout cas, il est impossible de confondre les Arabes et les Maures, qui ne se ressemblent ni par le type, ni par les habitudes, et dont les intérêts mêmes sont différents.

» L'Arabe est un peuple de campagnards, de voyageurs soldats surtout, et très grand de toutes manières.

» Le Maure est boutiquier, rentier, « bourgeois ; » en un mot, tout contribue à le rendre petit. Ses boutiques étroites, sa vie sédentaire, son habitude d'être assis à la turque, plutôt qu'étendu à l'Arabe.

» Avec la veste, collant à la taille, la culotte en forme de jupe et la ceinture, que beaucoup portent lâche, il lui est difficile de paraître majestueux quand il est vieux, et de ne pas avoir l'air efféminé, quand il est jeune.

» La coutume, chez les Maures, de tenir la femme cloîtrée et inoccupée, amène l'homme à la remplacer dans bien des emplois et des travaux. Il coud, brode, prépare les laines, manie l'aiguille, fait ses habits, ceux de sa femme et de ses enfants, — à l'encontre de l'Arabe, chez qui la fainéantise est le premier droit de l'homme.

» Les Maures ne savent pas tenir une arme ; ils n'aiment pas les chevaux et n'en possèdent guère ; les plus riches ont des mules, qui leur servent pour leurs promenades ; portent une selle, large et plate, sur lesquelles leur maître s'assied de côté ; les braves bêtes vont de leur pas tranquille et sûr et ne ressemblent en rien aux montures fringantes des Arabes.

» Parmi les Maures, se trouvent des scribes,

des compteurs d'argent, des maîtres d'école ; l'écri-
toire, le style de roseau, quelques feuillets de papier,
et un vieux *Coran* manuscrit, cela suffit pour distinguer les Maures des Arabes, qui sont encore plus
illettrés.

« En résumé, pourtant, le vrai peuple ne lit pas,
il rêve, fume, et passe sa vie dans les bazars. »

J'eus peur de devenir aussi paresseux que mes voisins les Maures ; je me levai, et j'entraînai mon cousin
Jean vers le tribunal du *Cadi*, situé rue de la Marine,
dans la cour même de la mosquée.

La cour, dallée de marbre, est fermée de balus-
trades, à l'extrémité qui donne sur la mer ; au milieu,
parmi des arbustes, des rosiers, de grands bananiers,
complètement verts, s'élèvent une fontaine et deux
pavillons.

Le plus petit, le moins fréquenté, appartient au
muphti, qui représente la cour d'appel ; l'autre est la
chambre de première instance, occupée par le Cadi.
L'auvent, très saillant, protège un large perron où les
clients déposent leurs savates et s'asseyent à l'ombre,
en attendant que leur cause soit appelée. Par la grande
porte ouverte, on peut assister, de l'extérieur, au
débat ; c'est, du reste, la seule ouverture qui éclaire la
salle où se font les jugements.

A l'intérieur, on aperçoit, de chaque côté, des ban-
quettes appuyées contre le mur, et, derrière, les
bureaux où se tiennent les scribes, assesseurs du Cadi.
A l'entrée, un tabouret de bois pour l'huissier ou

chaouck : par terre, des nattes, où les clients s'accrou-
pissent. Au fond, faisant face à la porte, la place du
Cadi, le tribunal !

La fonction des scribes (adouls) est de dresser les
jugements et aussi d'examiner les actes, de suivre les
interrogatoires. On les reconnaît à leur coiffure particulière, en forme de citrouille, à leur pelisse de soie,
qui cache entièrement la culotte, et, surtout à leur air
plus digne, plus sévère. Il faut dire que le scribe est à
la fois magistrat et homme d'église, puisqu'il préside
aux cérémonies du culte et aux enterrements....

Quant au Cadi, sa charge fait de lui un personnage
très important. Il est vêtu de blanc, de gris et de
noir ; il parle peu et interroge à voix basse, et souvent
paraît écouter distraitement le plaignant.

Donc, quatre ou cinq scribes, un huissier, armé
d'une baguette, un juge à la figure belle et douce, voilà
toute la magistrature !

On entre avec son adversaire ; on s'assied par terre,
à côté de lui ; chacun, à son tour, expose son affaire.
Rien n'est plus simple.... C'est la juridiction la plus
logique, la plus humaine et la mieux nommée, si l'on
veut bien conclure que le devoir de la justice est de
concilier.

Je remarquai que les femmes n'entrent pas dans
l'enceinte ; il y a, pour elles, attenant à la salle d'audience, deux galeries ouvertes communiquant avec le
prétoire par une fenêtre grillée, à hauteur d'appui. La
femme, qui reste voilée et qui plaide par cette étroite

ouverture, peut à peine passer les doigts à travers les barreaux quadrillés et animer d'une pantomime l'exposé de son affaire.

Le muphti, au-dessus de ce premier degré de juridiction, prononce en dernier ressort ; lorsqu'un plaideur a perdu sa cause, il n'a que la cour à traverser pour passer en appel !... Aux Arabes, que la loi des hommes mécontente en deuxième lieu, il reste la mosquée, où ils peuvent aller, en dernier recours, se pourvoir en cassation....

***

Staouéli.

Les stations prolongées au même endroit ne sont pas du goût de mon cousin Jean. Nos petites promenades autour d'Alger ne lui suffirent pas ; et, un matin, il m'entraîna jusqu'à la Trappe de *Staouéli*.

Devant nous s'étendait une magnifique plaine de douze à quinze cents hectares, bordée, à droite par la mer, à gauche par une chaîne continue de collines, qu'on nomme le *Sahel*.

Ces collines sont plantées de vignes rappelant les plus belles du Roussillon ; cette plaine est couverte de céréales à rivaliser avec la Beauce. Çà et là, des fermes, des hameaux, reliés entre eux par de belles routes et des chemins d'intérêt commun, plantés, sur leurs bords, d'arbres de diverses essences, et aboutissant à un centre qui se signale de loin par une agglomération considérable de bâtiments de formes diverses affectés, on le comprend de suite, à des destinations différentes.

Cette plaine est celle de Staouéli; ce massif de constructions, surmonté d'une croix, c'est la *Trappe de Staouéli,* formée de l'abbaye, où logent les religieux, la maison des voyageurs, celle des ouvriers de tous métiers, les magasins à céréales, à fourrages, à denrées de toutes sortes, puis, le moulin, la forge et les chantiers qu'exige l'industrie agricole.

C'est une fourmilière active, intelligente, dans laquelle l'ordre règne toujours avec un silence relatif.

— C'est la vie, c'est la prospérité!... m'écriai-je avec admiration après avoir visité tout en détail.

Et comme nous rentrions à Alger :

— Savez-vous ce qu'était autrefois cette riche plaine? interrompit mon cousin Jean, toujours prêt à m'instruire. Savez-vous ce qu'était cette terre, riche de tous les dons qu'elle peut offrir à l'homme qui la cultive avec intelligence et courage? Un repaire d'animaux féroces, de carnassiers, qui s'y blotissaient le jour sous l'abri inextricable, impénétrable, d'une végétation luxuriante de jujubiers, de lentisques enchevêtrés avec des chênes-taillis et des oliviers sauvages, rabougris, d'où ils sortaient, la nuit, pour aller dans la Mitidja, dévorer quelques bêtes des troupeaux des Hadjoutes.

» Les colonnes en expédition dans le Sahel ne

descendaient jamais bivouaquer dans la plaine ; elles se tenaient sur les hauteurs, en ayant soin d'entretenir leurs feux toute la nuit, comme défense, contre les fauves qui les entouraient et dont les glapissements et miaulements sinistres les empêchaient de dormir.

» Cette plaine fut le théâtre, en 1840, d'un drame où la divine Providence intervint miraculeusement et dont voici les émouvants détails.

La panthère et l'enfant.

« Une femme, veuve depuis peu, sortait d'une des pauvres cabanes qui avaient formé le hameau de *Dely-Hibrahim*, lors de l'établissement du petit camp de ce nom sur une hauteur d'où l'on a des vues sur Staouéli, d'un côté, et, de l'autre, sur un terrain nu et mamelonné, s'étendant jusqu'à Douera.

» Elle allait, la pauvre femme, dans la plaine de Staouéli, chercher de l'herbe pour sa chèvre.

» Un enfant était à son sein, l'autre — garçon de douze à treize ans — la suivait portant, sur son épaule, un fusil à pierre, tel que le gouvernement en avait distribué aux colons de la banlieue d'Alger. La mère ne voulait pas qu'il emporta ce vieux mousquet, chargé depuis un an peut-être ; mais l'enfant s'était obstiné, et la mère avait fini par céder....

» Le trio étant arrivé au pied du mamelon où était

assis le camp, la mère déposa son nourrisson sur l'herbe épaisse, sous un bouquet de tamaris, et, s'armant de sa faucille, elle coupa l'herbe qui lui était nécessaire et dont elle fit un fagot.

» Déjà elle l'avait placé sur sa tête, et, reprenant son nourrisson, elle allait se diriger vers le village, lorsque son fils poussa un cri d'effroi.

» La mère se retourne. Suivant l'indication de la main de l'enfant, elle aperçoit la tête énorme et les yeux flamboyants d'une panthère, tapie sous un buisson de lentisques, à vingt mètres d'elle!... Son fils arme son fusil et veut tirer, la mère l'en empêche : elle espère que l'affreuse bête les laissera s'en aller sans les attaquer....

» Elle avance un peu, se retournant à chaque pas et serrant son nourrisson contre son sein; le fils marche à reculons, son fusil bas et armé, le doigt sur la détente.

» La panthère s'est ramassée; elle bondit sur le groupe humain. Au même instant, le garçon pousse un cri, un coup de feu se fait entendre, la mère tombe à genoux :

» — Jésus, Marie! supplie-t-elle, les yeux au ciel, dans l'attitude d'un condamné attendant le coup mortel.

» Quelques secondes se passent, terribles et pleines d'angoisses, et l'enfant se jette au cou de la veuve :

» — Regarde, mère!

» Et la mère se retournant, voit la panthère, étendue, sans vie, à quelques pas d'elle....

» Au moment où l'affreuse bête s'élançait sur le fils, celui-ci, tremblant de terreur, instinctivement, nerveusement, avait appuyé sur la gâchette, sans épauler, encore moins sans viser; le coup était parti et la balle avait traversé le cœur de la panthère!

» Arrivée toute tremblante au village, la veuve courut au camp et raconta la scène terrible et le danger de mort auquel elle venait d'échapper.

» Une escouade en armes fut envoyée sur les lieux, guidée par le jeune héros de ce drame. On trouva la panthère où elle était tombée; elle mesurait 1 mètre 35. Mise sur un mulet et portée au camp, elle fut présentée au gouverneur général, qui donna une forte prime à cette pauvre famille si miraculeusement sauvée des griffes du plus cruel des fauves de l'Algérie.

» L'évêque, à son tour, prit à sa charge l'éducation du petit garçon et veilla désormais sur la mère ainsi que sur le nourrisson.

» Depuis, la veuve, d'une piété modeste, mais inaltérable, disait avec une conviction ardente :

» — Je dois mon salut à ces deux mots : *Jésus, Marie!* prononcés au moment suprême!

» Et certainement elle disait vrai.... »

La Trappe.

— Mais la Trappe elle-même comment a-t-elle été fondée? demandai-je au cousin Jean. Vous me dites ce qu'était la plaine autrefois, les dangers qu'on y courait; par suite de quelles circonstances s'est-elle ainsi transformée ?

— Il faut, pour savoir cela, remonter bien loin, me répondit mon intarissable conteur.

» Un jour du mois d'août 1843, deux Trappistes se présentaient au palais du gouverneur général de l'Algérie, qui était alors le général Bugeaud.

» L'un des deux Trappistes était le T. R. P. François-Régis, alors abbé de la Trappe d'Aiguebelle et désigné pour fonder, dans notre colonie du nord de l'Algérie, un établissement de l'ordre de saint Bernard. Cette création avait été décidée par le gouvernement, à la suite d'un rapport de M. de Corcelles, venu en Algérie en 1844 pour s'éclairer, comme député, sur la grave question de colonisation de notre conquête.

» Les deux religieux, admis devant le maréchal Bugeaud, la conversation s'engagea en ces termes :

» — C'est vous les Trappistes? demanda le maréchal. Vous savez, ce n'était pas mon avis. Il ne nous faut pas de célibataires pour coloniser l'Algérie, mais je suis soldat; vous m'apportez des lettres du ministre de la guerre, qui est mon chef : j'obéirai! Je vous accepte donc comme les enfants les plus intéressants de la famille coloniale. Messieurs, vous ne ferez pas plus de miracles que les autres. Je vous préviens que vous rencontrerez de grandes difficultés. Lorsqu'elles vous paraîtront insurmontables, venez me trouver. Quand voulez-vous commencer?...

» — Le plus tôt sera le mieux, répondit le P. Régis.

» — Eh bien! fit le maréchal Bugeaud, je vais rassembler mon conseil ; dès qu'il sera réuni, je vous manderai.

» Quelques heures après, les Trappistes, revêtus de leur longue coule blanche, rentraient majestueusement dans le cabinet du maréchal, qui les attendait entouré de son état-major et des membres du Conseil.

» Bugeaud prit alors la parole ; il dit que l'établissement projeté était appelé à faire un grand bien ; qu'on pouvait compter sur ces religieux, hommes de discipline et de travail ; qu'il fallait donc les seconder par tous les moyens.

» Entrant dans les plus grands détails, le gouverneur prit une plume et dressa la liste des ouvriers forgerons, charpentiers, carriers, maçons, manouvriers, qui devaient être mis au service des colons de Staouéli. Puis, il ajouta, en se tournant vers les Pères :

» — Vous m'avez dit que vous vouliez commencer au plus tôt. Il serait à désirer qu'avant les premières pluies de l'hiver, vous eussiez un commencement d'installation. Fixez le jour vous-mêmes....

» — Le 29 est la fête de notre Père, saint Bernard ; nous serions heureux de planter notre tente en un si beau jour.

» Eh bien! le 21, nos hommes et notre matériel

s'achemineront vers Staouéli. Soyez là pour les recevoir....

» Et ce fut fait.

» Le 14 septembre de la même année, 1843, jour
de l'Exaltation de la Sainte-Croix, une nombreuse
caravane religieuse et militaire se dirigeait à l'ouest
d'Alger, vers Sidi-Férruch.

» A sa tête, chevauchaient l'évêque, le gouverneur
général, le directeur de l'intérieur, que suivaient de
hauts fonctionnaires, des prêtres, des colons et quatorze religieux.

» Ce pieux cortège allait poser la première pierre
du monastère de Staouéli et bénir les onze cent vingt
hectares concédés aux Trappistes, entre la mer et les
côteaux du Sahel, sur cette terre à jamais célèbre par
le débarquement des Français en 1830.

» Le lieu choisi pour y bâtir le monastère était
marqué par un vieux palmier, magnifique et solitaire,
dont le tronc noirci avait résisté au temps et aux
dévastations des Arabes.

» Autour de lui, en effet, s'étaient livrées des ba-
tailles sanglantes.

» Là, les brigades Munk-d'Uzer et Damrémont
avaient culbuté les Bédouins qui occupaient les deux
rives du ruisseau ; là, la brigade Clouet, attaquée à
l'improviste par l'ennemi, que cachait un brouillard
épais, fit des prodiges de valeur; là, la division
Loverdo soutint héroïquement le choc terrible des
troupes du bey de Constantine et du kalife d'Oran,

descendues précipitamment des hauteurs voisines.

» Là encore retentissaient les noms des généraux
de Bourmont, Berthezène, Talozé, d'Arcines, Achard....
Non loin de là, s'élevait le marabout de Sidi-Rachet, où
tomba le jeune Amédée de Bourmont, chargeant à la tête
de ses grenadiers. C'était le second des quatre fils
que le général en chef avait amenés avec lui !...
Lorsque la révolution qui renversait le trône séculaire
des Bourbons lui eut arraché sa nouvelle et glorieuse
conquête, le vainqueur d'Alger n'emporta, pour toute
fortune, dans son exil, que le cœur de son fils,
conservé dans un modeste coffret en thuya.

» C'est à Staouéli, en ce lieu de carnage, que devait
s'élever un asile de prière, de charité et de travail !

» La pierre de fondation du monastère avait été
tirée des constructions romaines sur lesquelles les
Espagnols avaient élevé, dans le temps, la redoute
dite *Torre-Chica*, sur le littoral. Cette pierre, façonnée
bien des siècles auparavant par le ciseau des vainqueurs du monde, fut placée sur un lit de boulets
ramassés dans l'enceinte même de la nouvelle Trappe,
où ils dormaient depuis le grand jour de la bataille.

» Deux ans après, au mois d'août 1845, l'évêque
d'Alger consacrait solennellement l'église de la *Trappe
de Notre-Dame de Staouéli*.

» C'est là que furent transportés et inhumés, le
31 mai 1880, les restes mortels du R. P. Régis, le
vénérable fondateur de la première Trappe d'Afrique,
pour y attendre la résurrection de la chair. »

Histoire ancienne et moderne.

En quittant Staouéli, nous étions rentrés à Alger par les hauteurs que suivit l'armée française en 1830.

Passant par Dély-Brahim, autrefois poste avancé des zouaves et premier essai de colonisation, nous avions rencontré ensuite Ben-Aknoum, où le R. P. Brumauld, de la Société de Jésus, établit le premier des orphelinats agricoles, qui, depuis, se sont étendus aux deux autres provinces.

Nous étions arrivés ainsi au Fort-l'Empereur (Sultan-Calaei), dont la possession nous livra Alger.

C'est sur ce point, dominant la ville et le port d'Alger, que Charles-Quint avait établi son quartier général, lors de son expédition en 1541.

A cette époque, le puissant monarque organisa une expédition destinée, dans sa pensée, à venger les humiliations que le croissant avait infligées au drapeau castillan, et à délivrer la chrétienté du joug honteux de l'Islamisme.

Cette armée, portée par cent vaisseaux et vingt galères, arriva devant Alger; la flotte jeta l'ancre au cap Matifou, et les trente mille hommes que commandait l'empereur lui-même, débarquèrent sans opposition et vinrent en partie camper sur une éminence qui dominait la ville.

En peu de temps, les troupes espagnoles eurent

élevé sur cet emplacement le fort qui existe encore aujourd'hui sous le nom de « Fort-l'Empereur. »

Charles-Quint était sur le point de se rendre maître d'Alger, qu'il avait vivement attaqué ; on parlait déjà de capitulation, lorsque tout à coup une horrible tempête vint bouleverser la rade, disperser la flotte espagnole et submerger quatre-vingt-dix bâtiments, avec tous leurs équipages et leurs agrès.

Le camp, assis sur un coteau, fut immédiatement inondé par les eaux qui descendaient en torrents des montagnes.

Les tentes, les bagages, les hommes et les chevaux, tout fut entraîné vers la mer.

La terreur était telle, et les destinées si épouvantables, que l'empereur, ne voyant de salut que dans la fuite, suivit ceux de ses soldats qui se dirigeaient vers la flotte, abandonnant matériel et bagages ; mais il était trop tard.

Les Arabes de la plaine, qui venaient au secours des Algériens, coupèrent la route aux Espagnols et en firent un tel carnage qu'une faible partie seulement parvint à se rembarquer. Charles-Quint fut assez heureux pour atteindre une barque, joindre un navire et se sauver.

Plusieurs nobles Espagnols, hommes et femmes, qui avaient suivis l'empereur, furent retenus en esclavage avec un grand nombre de soldats.

Tel fut le résultat de cette expédition.

La route du fort, que nous suivions, ainsi en reve-

nant de Staouéli, réveille des souvenirs plus récents,
puisque l'armée française l'a pris après les victoires de
Sidi-Ferruch et de Sidi-Halef, et qu'elle devait lui
livrer le fruit de son courage et de sa constance.

Dès le premier jour, l'investissement du fort était
complet par la face abordable ; le 30 juin, notre artillerie faisait taire celle de la place, et les sorties de la
garnison étaient repoussées à la baïonnette.

Alors, les remparts étant démantelés, nos batteries
tirèrent sur l'intérieur du fort en redoublant d'activité.

Deux mille hommes se trouvaient enfermés dans ce
fort, à peine suffisant pour cinq ou six cents et ne
contenant aucun réduit, aucun emplacement à l'abri
de la bombe.

Nos bombes et nos obus, dont pas un ne manquait
plus le but, causaient d'effroyables ravages sur cette
multitude entassée ; suivant l'expression de l'un d'eux,
nous ne les eussions pas mieux placés avec la main.

Le commandant du fort se décida donc à la retraite
qu'il essaya de rendre plus meurtrière pour nous, que
pouvait l'être une défense plus prolongée.

On ouvrit les portes du château : les Arabes empor-
tèrent les morts et les blessés ; les Turcs formèrent l'arrière-garde et marchèrent en bon ordre, conservant un
air d'intrépidité et de résolution admirables.

Ils se dirigèrent vers la Casbah ; mais Hussein ne les
eut pas plus tôt aperçus, qu'il fit tirer sur eux à mitraille,
irrité qu'il était de la chute de sa dernière forteresse.

Après la retraite de la garnison, un seul homme

continua à se montrer encore sur les remparts déserts du château ; c'était un nègre. Passant la tête à travers une embrasure, il venait, de temps à autre, examiner l'état de la brèche.

Deux drapeaux rouges flottaient aux angles du château ; aux deux dernières apparitions qu'il fit, le nègre prit chaque fois un de ces drapeaux.

A peine eut-il disparu pour la seconde fois, qu'une explosion terrible se fit entendre ; le château s'engloutit au milieu d'une éruption de flamme et de fumée, sortie de ses propres flancs.

La terre trembla ; puis, du sein de l'obscurité, se développa, peu à peu, un vaste et sombre tourbillon, une trombe immense, du premier bond touchant aux nuages et continuant de monter.

Après un moment de stupeur, les bataillons français entrent dans le fort l'Empereur, démantelé, abandonné, et, du milieu de ses ruines, nos soldats aperçoivent Alger à leurs pieds.

La plus grande terreur y régnait en ce moment.

Les préjugés nationaux et religieux étaient enfin devenus impuissants à aveugler plus longtemps les habitants sur l'issue de la journée.

Ils cachaient dans des endroits secrets ce qu'ils avaient de précieux ; les familles se blottissaient sous tous les abris qui pouvaient les sauvegarder de la bombe et du boulet ; d'autres couraient en foule vers la porte de Constantine, demeurée libre, et qu'ils ne tardèrent pas à encombrer.

ALGER

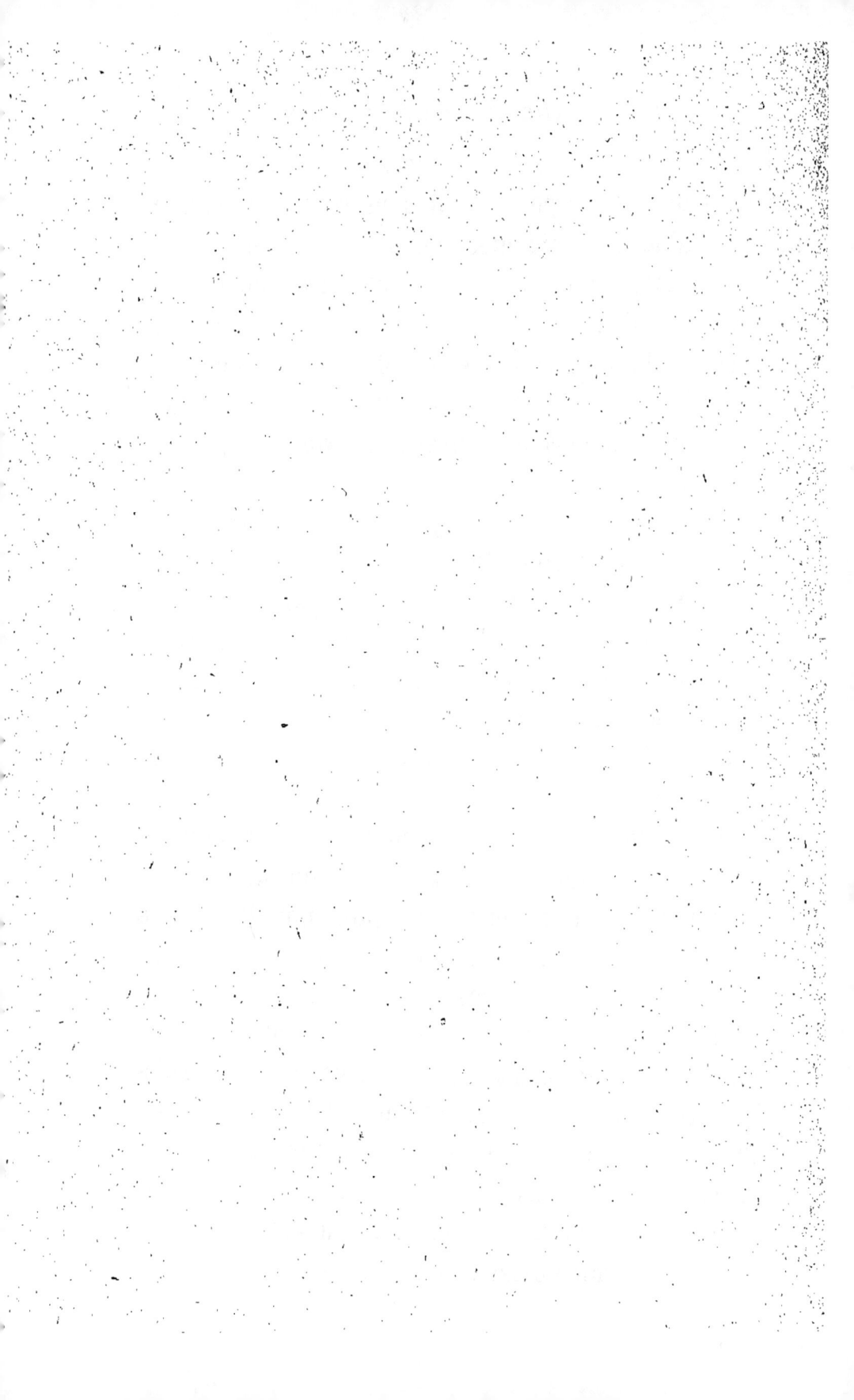

Les succès rapides de nos troupes nous grandissaient aux yeux de tout ce peuple qui nous regardait comme une race d'hommes gigantesque, terrible, impitoyable, plus redoutable, mille fois, que tout autre ennemi.

Vers le milieu du jour, les Français virent un Turc déboucher d'un chemin creux dont les sinuosités l'avaient longtemps caché. Il tenait un drapeau blanc, le drapeau des parlementaires; on vint à lui, on l'interrogea.

C'était un secrétaire du dey, nommé Mustapha.

— Je viens au nom des grands et de la guerrière milice d'Alger, dit-il, et je demande la paix.

Conduit au général, il se fit connaître, après avoir répété les mêmes paroles, comme autorisé à promettre que la Régence paierait les frais de la guerre, à condition que les troupes françaises n'entreraient pas dans Alger.

Pour toute réponse, on lui montra nos travaux de siège qui continuaient avec activité, et on lui répondit que la première base de toute capitulation devait être la reddition de la ville et des forts qui en dépendaient.

Après lui, deux Maures se présentèrent et s'entretinrent quelques instants avec le général en chef, conférence qui se tenait sur les ruines du Château-de-l'Empereur, au bruit du canon, dont les boulets sifflaient au-dessus de la tête des diplomates, à qui cela ne manquait pas d'être désagréable. L'un d'eux baissait même assez fréquemment la tête, « saluant le boulet » comme disaient les soldats.

— Eh! parbleu, lui dit le général de Lahitte en le prenant par le bras, ne vous inquiétez pas ; c'est à nous que cela s'adresse.

Le mot eut du succès ; et c'est bien là ce vieil esprit français qui se plaisait à jeter sur les champs de bataille autant de bons mots que de traits d'héroïsme et d'actions d'éclat.

La conférence terminée, sans résultat, les deux parlementaires se retirèrent après avoir reçu la réponse, déjà faite à leur prédécesseur, qui ne tarda pas à revenir.

Cette fois, Mustapha était accompagné de deux Maures, du consul et du vice-consul d'Angleterre.

L'état-major, entourant le général en chef, et tous les officiers généraux les attendaient, assis sur les troncs de trois ou quatre arbres nouvellement coupés.

En quelques minutes, les conditions de capitulation pour Alger furent écrites et confiées au secrétaire du dey.

Comme il s'éloignait avec ceux qui l'avaient accompagné, le général en chef laissa échapper quelques doutes sur l'adhésion du dey aux conditions qu'on allait lui offrir. Alors, l'un des envoyés, le regardant fixement, avec une voix douce et calme, avec une figure où ne perçait pas la plus légère émotion :

— Voulez-vous, dit-il, qu'en revenant auprès de vous, je tienne le traité d'une main et sa tête de l'autre ?

— A Dieu ne plaise, s'écria M. de Bourmont,

quelque peu troublé de la proposition et cédant à une émotion réelle, à Dieu ne plaise, que je veuille la mort de personne, hors du champ de bataille.

Ces paroles firent paraître quelque émotion sur la figure du Turc, jusque-là impassible. La chose qu'il venait de dire lui paraissait si simple, si naturelle, qu'il s'étonnait, intérieurement, de la surprise qu'elle venait de produire.

Hussein apposa son sceau sur la capitulation, en gage d'adhésion ; mais le lendemain, dès l'aube, il faisait demander un sursis de quelques heures, à l'exécution de sa promesse.

On le lui refusa, ajoutant seulement qu'il était libre au dey de partager la Casbah, avec le général en chef.

Cette dernière proposition révolta Hussein qui ne put supporter la pensée d'habiter le même toit que celui qui l'avait précipité du trône ; il fit enlever en toute hâte ses trésors, ses pierreries, ses meubles, ses vêtements les plus précieux et il s'éloigna avant que les Français ne parussent.

Le lendemain, Hussein-dey s'embarquait pour l'Italie ; les troupes françaises entraient dans la ville, le drapeau tricolore flottait sur les remparts d'Alger *la guerrière, l'imprenable, l'invincible !* Ainsi se réalisait cette parole de Bossuet, dans un de ses incomparables discours :

« Tu céderas, ou tu tomberas sous ce vainqueur (la France), Alger, riche des dépouilles des nations. »

La France avait brisé le joug des pirates, sous lequel la chrétienté courbait honteusement la tête depuis des siècles; les mers étaient libres et l'humanité vengée.

La Casbah, dans laquelle entrèrent si victorieusement nos troupes, ne fut pas toujours le palais des deys, qui demeuraient autrefois dans le bas de la ville; ce fut seulement le 1er novembre 1847, que le dey Ali-Hodja, s'y transporta pour se soustraire à la puissance sanguinaire de la milice.

Les frères Barberousse avaient fait fortifier ce point culminant d'où ils tenaient le port et la ville sous leurs canons.

La Casbah n'a subi de transformation qu'à l'intérieur approprié au logement de deux ou trois bataillons qui y tiennent garnison. On y a même conservé ce qu'on peut appeler un « monument historique » bien qu'il ne consiste qu'en une sorte de cage en bois plein, de quatre mètres carrés, attachée au mur d'une cour intérieure à la hauteur du deuxième étage. L'entrée est de plein pied sur cet étage, l'intérieur en est peinturluré en couleurs vives et disparates, dans le goût bysantin.

C'est dans ce pavillon aérien, que fut donné le coup d'éventail, cause de la ruine de cette puissance barbaresque que les mille canons des flottes chrétiennes n'avaient pu ébranler.

Un coup d'éventail.

L'histoire du coup d'éventail était trop intéressante pour que mon cousin Jean ne me la racontât pas, un matin que nous visitions ensemble la Casbah.

« Deux juifs d'Alger, me dit-il, deux négociants fort riches, Busnach et Bacri, avaient, sur la France, une créance considérable, résultant de fournitures de blé, faites à la République française.

» Des obstacles de tout genre s'opposèrent à la liquidation de cette dette, qui, en 1816 seulement, fut réglée par une commission spéciale, à la somme de quatorze millions, puis, en 1819, réduite à sept.

» Les créanciers de Bacri qui étaient en France firent, ainsi que c'était leur droit, main basse sur cette somme qui leur fut distribuée en totalité ou en partie.

» Quoiqu'il en soit, le dey lui-même, créancier de Bacri, à qui il avait vendu des laines et autres objets, fut très mécontent que cette distribution des deniers, lui enlevât le gage le plus précieux de sa créance ; comme si la France eût été la gardienne de ses droits et eût dû veiller à la conservation de ses intérêts négligés.

» Le dey, néanmoins, crut ou feignit de croire que les paiements n'avaient pas tous été opérés de bonne foi, et il réclama.

» Les réclamations n'ayant obtenu aucun succès, il s'adressa directement au roi de France. Sa lettre resta sans réponse; c'est alors qu'à la fête du Beiram, l'une des rares solennités à l'occasion desquelles il recevait les représentants des puissances étrangères, notre consul, M. Deval se présenta à la Casbah.

» Il fut admis auprès du dey qui lui demanda des explications sur le silence gardé vis-à-vis de sa lettre.

» M. Deval répondit que le roi de France ne pouvait pas correspondre avec le dey d'Alger. Soit susceptibilité de la part de Hussein-Pacha, soit ignorance chez notre consul de la langue arabe, ce dernier irrita par ses paroles son royal interlocuteur qui le frappa d'un chasse-mouches en plumes de paon, qu'il avait à la main.

» L'injure était flagrante et demandait impérieusement une réparation.

» Le ministère parla haut, pensant que la voix de la France était assez puissante pour commander et obtenir des excuses; le dey, mal inspiré, persista dans son arrogance et refusa toute rétractation. Les négociations continuèrent pendant le ministère Martignac, elles ne furent pas plus heureuses et se terminèrent par un coup de canon, tiré par ordre du dey, sur un bâtiment français parlementaire. C'était le cri de guerre, qui, s'échappant des côtes d'Afrique, venait retentir sur la terre de France.

» Il y fut accueilli avec le sentiment, impérissable au cœur français, de l'honneur outragé, mais aussi,

avec quelque défiance des hommes qui nous gou-
vernaient alors, et ce fut M. de Bourmont qui, du
ministère de la guerre descendit au commandement de
l'expédition, qui devait amener la chute définitive des
deys d'Alger. »

Les chiens arabes.

Avant de quitter la Casbah, mon cousin Jean et moi,
nous nous arrêtons au carrefour de Si-Mohamed-el-
Chériff, qui occupe à peu près le centre de l'ancienne
ville, à peu de distance du château.

C'est le dernier refuge de la vie arabe, le cœur
même du vieux Alger, et je ne connais pas de lieu
de conversation plus retiré, ni plus frais, ni mieux
disposé.

Un côté du carrefour est abattu, celui qui regarde
le midi, de sorte qu'on a, tout près de soi, pour égayer
l'ombre, une vaste clairière, remplie de soleil, et, pour
horizon, la vue de la mer.

Le charme de la vie arabe se compose invariablement
de ces deux contrastes : un nid sombre entouré de
lumière, un endroit clos, d'où la vue peut s'étendre,
un séjour étroit avec le plaisir de respirer l'air du
large et de regarder loin.

Les chiens disputent la place aux hommes, dans ce
lieu de repos, et, en les voyant, je ne puis m'empêcher

de leur jeter un regard de colère, en songeant à la
mauvaise nuit qu'ils m'ont fait passer, eux ou leurs
semblables, par leurs aboiements continuels.

La campagne était en rumeur et je ne crois pas
qu'il y eût aux environs un seul de ces chiens, soit
errant, soit à l'attache, qui ne criât et, dont je ne pusse
entendre la voix, de mon lit même.

Comme la nuit était humide, l'air tranquille et
sonore, je calculais, d'après la décroissance indéfinie
des bruits, que les plus faibles devaient m'être
apportés de plus d'une lieue.

D'abord je craignis un incendie, je me levai pour
regarder au dehors, mais je n'aperçus pas la plus
petite lumière ni à terre, ni dans la baie : hormis ces
bêtes glapissantes, tout dormait dans une sécurité
profonde et sous le paisible regard des étoiles.

Les chiens criaient pour se répondre comme ils ont
l'habitude de le faire, parce que quelque part un des
leurs avait d'abord élevé la voix. L'éveil une fois
donné dans les chenils, l'alarme avait dû gagner de
proche en proche, et par des nuits calmes comme
celle-ci, il n'était pas impossible que ce long aboiement
se répandît de l'autre côté du Sahel, et, de gourbi en
gourbi, de ferme en ferme, de village en village, se pro-
longeât, par un écho continu, jusqu'au fond de la plaine.

Quoi qu'il en soit, je n'avais pu m'endormir qu'à
l'approche du jour.

Je le racontai, en grognant un peu, à l'excellent
cousin Jean qui se mit à rire d'un air moqueur.

— Vous vous plaignez pour si peu de chose, me dit-il, qu'auriez-vous fait à ma place, il y a deux ans.

» C'était par une nuit d'hiver aigre et glacée, passée dans un petit douar, vers l'extrémité du *Tell* de Constantine, en pleine montagne, hors des routes, et dans un pays des plus âpres. J'étais arrivé le soir, après une longue étape ; à peine avais-je eu quelques minutes de jour, pour nettoyer la place où je campais et faire établir ma tente au centre du douar et sous sa garde.

» Autour, il n'y avait qu'un terrain, pétri de boue, d'ordure et de détritus ; la gelée, qui reprenait, avec le soir, avait heureusement tout durci. Le sol était, en outre, couvert de carcasses d'animaux tués par la boucherie ou morts de misère, car, l'hiver qui était dur, en faisait périr partout en grand nombre et, parmi les petits douars du *Tell*, la détresse était affreuse.

» Toute la nuit, les chèvres et les petits moutons, parqués dans l'enceinte et réfugiés le plus près possible, bêlèrent de souffrance et toussèrent.

» Les enfants, transis de froid et ne pouvant dormir, geignaient sous le pauvre abri des ménages, et les femmes gémissaient, en les berçant, sans parvenir à chasser le froid, ni l'insomnie.

» Les chiens hurlaient, dans ce douar, et s'agitaient, inquiétés par le feu de ma lanterne, ils entouraient ma tente. J'en avais serré toutes les boucles et fortement assujetti les piquets.

» Dès que ma lumière fut éteinte, leur cercle se rétrécit encore, et, jusqu'au matin, je pus les entendre gratter la terre, passer le museau sous la toile en reniflant et je sentis, sur ma figure, leur haleine de bêtes fauves !...

» Cette nuit fut lamentable et je ne fermais pas l'œil ! Au point du jour je quittai le douar... et je n'y suis jamais revenu... je dois l'avouer.... »

Promenade en ville.

Tout en devisant, nous descendions vers Alger, passant ainsi devant le palais du gouverneur général, la *Jamina*, qui fut le séjour des deys, avant qu'ils l'abandonnassent pour la Casbah.

En face nous voyons l'archevêché, autrefois riche demeure de quelque puissant dignitaire de la Régence; puis nous débouchons sur la « Place du Gouvernement. »

Devant nous se dresse la statue du duc d'Orléans, œuvre d'art, élevée par souscriptions à la mémoire d'un prince dont tous les pas, en Algérie, avaient été dirigés par l'amour de notre colonie.

Les énergumènes de 1848 avaient résolu et tenté de la renverser, de la jeter à la mer; elle fut protégée par le général Cavaignac et défendue par les sous-officiers de zouaves, sans armes, descendus en masse de la Casbah et faisant rentrer sous terre cette tourbe de stupides démolisseurs.

La Procession.

« Si la place du Gouvernement a vu les saturnales
de 1848, me fit observer mon cousin Jean, elle a été
aussi le théâtre d'imposantes cérémonies religieuses.
C'est sur son carré, bordé de vastes et élégants édifices, que se déroulaient les splendides processions
de la Fête-Dieu et que s'accomplissait l'épisode le
plus touchant, et le plus imposant, de cet acte de foi;
la bénédiction du Très-Saint-Sacrement, donnée par
l'évêque officiant, à la terre et à la mer, adorant le
Seigneur.

» Au milieu de la place du Gouvernement s'élevait
le reposoir, surmonté de la croix qui, de sa hauteur,
dominait le croissant de la mosquée de la Pêcherie; à
sa base, s'agitait une multitude de têtes d'*anges*, parées
et couronnées de fleurs. C'étaient les enfants des asiles
qu'on avait assis, la face tournée vers le peuple, sur
les gradins qu'ils animaient de leurs mouvements.

» Les quatre faces du monument regardaient les
quatre points cardinaux, ayant devant elles : au nord,
le port où se balançaient mille mâts pavoisés aux couleurs de toutes les nations ; au sud, la ville dressée
en amphithéâtre et dont chaque fenêtre embrassait le
coup d'œil; à l'est, le quartier Bab-Azoun et les deux
Mustapha ; à l'ouest, enfin, Bab-el-Oued et le vert
Boudjaréah.

» C'est dans un tel cadre que se déployait la procession d'Alger !

» Je la vois encore ! il me semble que j'y suis !... reprenait le cousin Jean avec plus d'ardeur, avec une mimique plus vive :

» Deux haies de soldats se déroulent à droite et à gauche, sur tout le parcours de la procession. Les fanfares, les musiques militaires et civiles ont déjà pris leur position, de distance en distance. Les chevaux d'un escadron piaffent et hennissent sur la place. Les matelots sont debout sur leurs vergues, remplissant les hunes ; les fenêtres et les terrasses des maisons se peuplent de spectateurs ; les Arabes tapissent les murs, se cramponnent aux angles des édifices, se hissent les uns sur les autres pour mieux voir.

» La procession paraît : quatre gendarmes à cheva ouvrent la marche ; entre les deux haies mobiles des soldats, s'avancent deux immenses rangées de jeunes filles, vêtues de blanc et venant de toutes les écoles d'Alger ; puis les orphelines de Mustapha, les confréries de femmes, de dames de la Société de charité, les religieuses de tous les ordres.

» A leur suite se développent les lignes de garçons, tous les enfants des écoles primaires et des petites pensions de la ville, tenant des oriflammes à la main ; les Orphelins de Ben-Aknoun, le Lycée, le petit Séminaire, et, après eux, les confréries d'Italiens, de Maltais, d'Espagnols avec leurs bannières déployées ; les Conférences de Saint-Vincent de Paul, toutes les maîtrises

de la ville, le grand Séminaire, tout le clergé, le cha-
pître, l'abbé de Staouéli, avec sa crosse de bois,
l'évêque, sous le dais, portant le Saint-Sacrement, et,
derrière lui, une masse d'hommes, suivis de quatre
gendarmes qui ferment la marche.

» Au fur et à mesure qu'elle arrive, la procession
se déroule et s'enroule sur la place, forme mille
lacets, mille méandres autour du reposoir, et dessine,
sans se rompre, une multitude de dessins semblables à
une fine toile d'araignée.

» Dès que le Saint-Sacrement débouche par la rue
Bab-Azoun, le gouverneur général avec son brillant
état-major, la Cour, en robe rouge, le Tribunal, les
fonctionnaires civils descendent du palais et viennent
se placer en face du reposoir.

» Après les oraisons, l'évêque, tenant en main
l'ostensoir, se tourne pour bénir.

» Alors une voix puissante crie :

» — Genoux, terre !

» Aussitôt, les tambours battent aux champs, les
musiques retentissent, les cantiques s'entremêlent, les
fusils résonnent en reposant sur le sol, les canons de
mer répondent aux canons de la terre : un frémissement involontaire s'empare des cœurs : Dieu est là !
On s'incline et l'on se relève avec un immense soupir de
foi et d'admiration qui couvre, comme un religieux
hourra, l'autel, la place et la cité. »

Le cousin Jean s'arrêta, ému, troublé, et comme lui,
je gardai un silence douloureux.

Aujourd'hui, en effet, ces imposantes et salutaires solennités religieuses, qui réjouissaient notre âme en la fortifiant, sont interdites en Algérie comme en France! Non seulement les soldats n'escortent plus de processions, puisqu'elles sont supprimées, mais ils n'entrent même plus dans les églises pour y rendre les honneurs funèbres à leurs chefs et à leurs camarades décédés!... Combien différentes sont les époques, et quel regret amer soulève notre cœur de chrétien!...

Silencieux et pensifs, nous quittons la place du Gouvernement et la statue du duc d'Orléans, pour suivre la rue Bab-Azoun, si commerçante, si animée dans l'étrangeté que lui donnent ses arcades.

Nous arrivons ainsi à la place d'Isly que décore une autre statue, devant laquelle nous nous inclinons, celle du maréchal Bugeaud.

La statue de Bugeaud.

M. le général Randon était gouverneur général de l'Algérie, lorsque fut érigée, par souscriptions, cette statue au grand agronome, à l'illustre guerrier. Elle s'élève entre la ville d'Alger et le faubourg d'Isly, sur l'emplacement où était autrefois la porte Bab-Azoun, porte que nos soldats ont pu voir, garnie, à la crête de son mur, de crochets en fer où les deys d'Alger faisaient accrocher les têtes qu'ils avaient abattues dans la journée.

L'élément civil et l'armée, concourant à l'inaugura-
tion du monument, la religion ne pouvait pas y rester
étrangère : l'évêque et son clergé y assistaient en habit
de chœur, entourant un autel dressé en face de la
statue de l'illustre maréchal. L'évêque saisissait toutes
les occasions de faire intervenir la religion dans les
cérémonies officielles, afin de les marquer du caractère chrétien et d'accoutumer le pays à ne rien faire
d'important et de solennel sans le secours de l'Église.

C'est au pied de la statue, que Mgr Pavy célébra le
mariage d'un orphelin, pris dans l'orphelinat, — fondé
en 1841 à Ben-Aknoun par Mgr Dupuch et confié au
R. P. Brumauld, — avec une orpheline de l'établissement créé par Mme la baronne de Vialar et protégé
depuis par Madame la duchesse d'Isly.

Mustapha-Kouba.

Quittant la statue du maréchal Bugeaud et la place
d'Isly, nous prîmes la large route qui se dirige à l'est,
et qui montre, à sa gauche, le *Fort des Anglais*, forteresse en effet, autrefois, prison aujourd'hui pour les
condamnés militaires.

A cinq cents mètres de là, Mustapha, vaste cirque
couvert de bâtiments militaires où logent les chasseurs
d'Afrique, borné au nord par la mer, entouré au sud
de jardins, de bosquets, de villas, de palais, parmi

lesquels brillent la maison de campagne des gouverneurs
généraux et le splendide établissement des Dames du
Sacré-Cœur.

Ces merveilles de verdure et de constructions
sont assises sur les flancs d'un côteau demi-circulaire,
comme sur les gradins d'un vaste amphithéâtre.

C'est le point féerique d'Alger.

Le Jardin d'Essai nous attire toujours, car nous y
trouvons réunie toute la flore des climats les plus
divers, depuis les pins du nord jusqu'aux palmiers du
Mzab, depuis le chêne et le noyer jusqu'au bambou et
le bananier, sans parler des fleurs de toutes les latitudes.

Poussant plus loin, nous passons au pied d'un
côteau sur lequel s'élève un édifice européen, régulier
et imposant dans sa simplicité. Ce côteau c'est *Kouba*,
ce bâtiment rectangulaire, le grand Séminaire d'Alger.

L'espace occupé par le grand Séminaire était couvert autrefois par des baraques où logeaient les soldats, un poste militaire comme Birkadem, Tixraïm,
Deli-Brahim, qui protégeaient Alger dans les premières
années de la conquête.

— Comment le camp est-il devenu Séminaire?

— La chose est assez curieuse, me répondit mon
cousin Jean, à qui je posais cette question. Les
Lazaristes, revenus en 1842, à Alger, qu'ils avaient si
longtemps illustré pendant la barbarie, reçurent de
Mgr Dupuch le grand Séminaire, sous la direction de
M. l'abbé Girard, l'un des prêtres les plus éminents
de la Congrégation des Missions.

» Ce Séminaire était dans une mauvaise petite ruelle, entre la marine et Bab-el-Oued. Le culte se relevant et se développant, cette maison et son emplacement étaient insuffisants et peu convenables pour leur desti-nation. »

» Mgr Pavy jeta les yeux sur Kouba, un des camps qui, avec quelques autres, formaient le périmètre primitif des fortifications avancées d'Alger.

» C'était au lendemain de la révolution de 1848. Le gouverneur d'alors, le général Cavaignac, auquel l'évêque s'adressa, accueillit favorablement sa demande et, le 23 mai, le grand Séminaire s'installa dans les baraques, depuis longtemps abandonnées, du camp de Kouba.

» Mais Cavaignac ne fit que passer au gouvernement de l'Algérie, et Changarnier lui succéda.

Or, pendant cette mutation, les bureaux de Paris avaient eu le temps d'examiner la demande du camp de Kouba, faite depuis longtemps, suivant les lois hiérarchiques, par Mgr Pavy, et ils l'avaient rejetée, en gens trop heureux d'être désagréables au clergé.

» Le gouverneur général arrive donc tout contristé chez l'évêque, et lui annonce la mauvaise nouvelle.

» — Mon général, lui répond Monseigneur, on vous défend de laisser entrer les séminaristes à Kouba; on ne vous dit pas de les renvoyer! Ils y sont maintenant; voulez-vous mettre en marche un escadron pour les en chasser?

» — Ils y sont? demanda le gouverneur.

» — Oui....

» — Eh bien ! qu'ils y restent !...

» C'est ainsi que la belle position de Kouba fut acquise à l'Église d'Alger et qu'un splendide établissement d'éducation cléricale, s'élève là où il n'y avait autrefois que d'affreuses baraques pour les soldats. »

Allant toujours devant nous, dans cette promenade charmante, nous traversons l'Arax sur son pont séculaire, et, gravissant une petite côte, nous entrons dans une grande bâtisse où nous sommes reçus par des Sœurs de Saint-Vincent de Paul, qui y exercent leur charité sous toutes ses formes enseignantes et hospitalières.

C'est la *Maison carrée*, qui existait du temps des deys ; de sa terrasse l'on découvre tout l'est de la Mitidja ; et l'on regarde le massif de la grande Kabylie que domine le Djurdjurah.

Kabylie

Mon cousin Jean me montre, d'un geste éloquent, le pic immense, et semble vouloir parler au géant lointain :

« Kabylie ! Djurdjurah ! Noms grandioses, qui éveillent tout un monde de souvenirs tristes et joyeux, mais tous glorieux ; souvenirs de marches accablantes et de combats sanglants, de dangers et de victoires, où les noms illustres des Bugeaud, des Randon, des Lamoricière, des Canrobert et des Mac-Mahon, des

MARÉCHAL MAC-MAHON (Voir p. 80).

-Yusuf, et des Saint-Arnaud, où tous ces noms victorieux retentissent comme le clairon répercuté par
les mille échos de ces montagnes, pendant la rude
bataille ! »

— Comme vous êtes belliqueux, cousin Jean, m'é-
criai-je surpris de son animation.

— Je vais vous détromper, en choisissant, parmi
mes souvenirs, celui qui est plus conforme à mes
aspirations et à l'état de ces populations montagnardes,
si farouches autrefois, si paisibles aujourd'hui, sous
la douce influence des Sœurs et des Pères blancs,
fixés au milieu d'elles.

» Le 5 juin 1853, le gouverneur général appela
à son bivouac de Sidi-Etnin, une partie des populations
récemment soumises, pour les faire assister à la remise
des burnous d'investiture de leurs chefs.

» Au centre du grand carré des troupes, étaient
réunis cinq ou six cents Kabyles à la figure sauvage,
aux vêtements sordides, qui venaient, en toute confiance, quelques jours seulement après avoir essuyé
les ravages de la guerre, reconnaître la puissance de
la France dans les baïonnettes qui les avaient décimés
la veille.

» Le maréchal, après leur avoir fait comprendre
la volonté de la mère patrie, les avantages qu'ils trou-
veraient à suivre les conseils qui leur seraient donnés
par les officiers chargés des bureaux arabes et ceux
qu'ils retireraient, en vivant en paix avec leurs voisins,
distribua une quarantaine de burnous rouges à leurs

chefs, maintenus à la tête de leur administration.

» Chaque chef ou caïd, vint recevoir des mains des Spahis le burnous, qui lui était immédiatement jeté sur les épaules; il baisait ensuite la main du gouverneur, recevait son brevet, et, reprenait sa place devant les représentants de sa tribu.

» Faite avec toute la pompe militaire, annoncée et terminée par des bans et des salves d'artillerie, cette cérémonie émouvante impressionna les nouveaux chefs.

» L'office divin suivit immédiatement l'investiture administrative.

» Sur un point élevé, placé au centre du bivouac du gouverneur général, on avait construit, avec des tambours, des canons et des affûts, un autel qui n'avait d'autres ornements que quelques fleurs des champs et des faisceaux d'armes. Il était surmonté d'une croix rustique, faite de deux branches noueuses de chêne-liège; telle devait être la croix sur laquelle fut attaché le Christ !

» Pour encadrement, ce temple improvisé avait les beautés de la nature; ni Saint-Pierre de Rome, avec ses magnifiques peintures, ni la Madeleine de Paris, avec ses tapis, ses marbres et ses dorures, ni ces belles cathédrales gothiques de la vieille France, avec leurs sculptures, leurs vitraux peints et leurs ombres pleines de mystère, ne pourraient rendre le grandiose de cette église toute primitive, dont la vue reportait l'esprit à plusieurs siècles en arrière et lui rappelait Constantin dans les Gaules, Philippe-Auguste, le matin de la bataille de Bouvines, et saint Louis aux ruines de Carthage.

» Derrière l'autel, apparaissaient les hautes montagnes de la Kabylie orientale, aux arêtes dentelées, veinées de couches de neige, ayant pour auréole des cercles de nuages.

» Ces montagnes semblaient de gigantesques statues, dont les têtes sourcilleuses se perdaient dans un ciel sombre et chargé de tempêtes.

» Sur la gauche et derrière l'armée, paraissait, sous une atmosphère vaporeuse et embrasée, la mer d'Afrique, dont le flot, tantôt calme et azuré, comme celui d'un beau lac d'Italie, tantôt soulevé par la tempête, et, furieux, se promène sans cesse du rivage de notre France au rivage de notre nouvelle colonie.

» Le R. P. Régis officiait. Supérieur de la trappe de Staouéli, il y avait dans la nature et le caractère de ce moine, guerrier, et organisateur, comme un reflet d'Urbain II, de Pierre l'Ermite et de l'évêque d'Antioche.

» Les lignes des troupes encadraient le terrain; en avant des soldats, étaient placés les officiers. Derrière les troupes, sur les versants des collines, on apercevait, au milieu des bouquets de lentisques, de myrtes et de lauriers-roses, les tentes du camp, et, plus loin, sous les hêtres et les oliviers séculaires, des groupes de Kabyles, étonnés et silencieux, garnissaient les ogives de verdure de cette immense basilique, dont les sauvages ornements avaient été fournis par la nature seule.

« Pendant l'office, une des musiques exécuta plusieurs morceaux. Jamais les grandes compositions des maëstri n'avaient réveillé des échos plus sublimes que ceux des Babars et de la vallée de l'Agrioum.

» Officiers et soldats étaient recueillis pendant cette cérémonie grandiose ; mais le recueillement se changea en une véritable émotion, au moment où le prêtre éleva l'Hostie sainte au-dessus des têtes et des drapeaux abaissés, au bruit des tambours que dominait la grande voix du canon.

» On eût dit que l'Église française prenait possession de cette terre qui, depuis l'épiscopat de saint Augustin, n'avait peut-être pas été foulée par le pied du chrétien. »

— Je vous conte tout cela en répétant mot à mot l'admirable description du colonel Cler dans ses *Souvenirs*, me dit le cousin Jean, comme je le remerciais du magnifique tableau qu'il venait de faire renaître ainsi devant moi. Je suis trop jeune pour avoir vu cela, mais j'ai parcouru la Kabylie, j'ai vu l'emplacement où fut dite la sainte messe, et j'ai gardé, profondément gravé dans ma mémoire, le récit qui a été fait de cette cérémonie unique.

En route vers l'ouest.

Quittant Alger, un matin, nous prenons le chemin de fer qui nous conduira à Blidah et plus loin si nous le voulons, car l'Algérie est sillonnée de voies ferrées qui vous portent en quelques heures là où l'on n'arrivait autrefois qu'après des semaines de marche, sous l'escorte d'une armée combattant sans cesse par monts et par vaux, tandis qu'un simple garde-barrière suffit aujourd'hui pour assurer la sécurité du chemin.

La voie ferrée partant d'Alger va, droit à l'est, jusqu'à l'Arax ; puis, arrivée à l'extrémité de la chaîne des collines d'Alger, — Mustapha et Kouba — tourne au sud, et traverse la Mitidja, ayant à sa droite Birkadem, Tixaraïm et Douera, que nous ne visitons pas, tant nous avons hâte d'arriver à Boufarik.

Boufarik ! aujourd'hui site enchanteur, parc ravissant et parfumé ; autrefois terrain marécageux et pestilentiel, fui par les Arabes, redouté de l'armée qui y enterrait la majeure partie de son effectif. C'était une sorte de marais couvert de lauriers-roses, ayant, çà et là, quelques mètres de terrain ferme sur lequel le général d'Erlon, pendant le peu de temps qu'il fut gouverneur, fit construire une redoute qui porta le nom de *Camp d'Erlon.*

Un bataillon et deux escadrons y étaient enfermés ; on les relevait tous les mois, ou, pour mieux dire, on les *rapportait,* sur des prolonges, hâves, décharnés, à moitié cadavres, sous l'influence des fièvres paludéennes locales, auxquelles s'ajoutaient les exhalaisons morbides du lac *Alloula,* croupissant à quelques kilomètres plus à l'ouest.

Depuis des années, Alloula est desséché, ainsi que

le marais de Boufarik. Le terrain le plus malsain de la Mitidja en est devenu le plus salubre ; le camp le plus détesté, la garnison la plus recherchée ; le hameau le plus monotone, la ville la plus animée. Cette métamorphose a été opérée par l'agriculture appliquée par des prêtres, à la tête d'enfants abandonnés qu'ils ont recueillis, et dont ils ont fait de bons chrétiens et des ouvriers utiles.

Boufarik nous offrait l'occasion d'étudier les Orphelinats agricoles en Algérie ; le cousin Jean la saisit avec empressement, questionna beaucoup et apprit ceci :

Les Orphelinats.

Dès la fin de 1842, le P. Brumauld ouvrait, aux environs d'Alger, un asile destiné à recueillir les pauvres petits garçons qui restaient sans ressources en Algérie, après la mort ou l'abandon de leurs parents.

Cet établissement, commencé à Mustapha, continué à Dely-Ibrahim, fut, en 1851, complètement installé à Ben-Aknoun et au camp de Boufarik. La population de la colonie se composait alors de quarante-quatre maîtres, y compris onze auxiliaires, et de trois cent quatre-vingt-dix enfants, depuis l'âge de quatre ans jusqu'à celui de vingt et un ans.

On en comptait trois cents au-dessous de quinze

ans. Eh bien, sur ces trois cents enfants, il n'en mourut qu'un seul en trois ans! On ne trouverait peut-être pas, dans le monde entier, un exemple pareil.

Il est vrai que *Ben-Aknoun* est un des lieux les plus salutaires de toute l'Algérie. La situation de l'ancien camp de Boufarik, concédé au P. Brumauld, est moins favorable; elle est même, dit-on, assez malsaine. Quatre-vingt-dix enfants y sont déjà établis; ceux qui tombent malades sont aussitôt ramenés à Ben-Aknoun, où ils se rétablissent promptement. Les jeunes colons de Boufarik seront particulièrement employés à l'élève des vers à soie; les mûriers ont été plantés par l'armée.

L'administration donne quatre-vingts centimes par jour, pour chaque enfant, jusqu'à l'âge de quinze ans; à partir de cet âge, le produit de leur travail couvre la dépense, à une légère différence près (six francs par an).

Le 19 avril 1849, M. l'abbé Landman, ancien curé de Constantine, s'installait à *Medjez-Amar* avec quinze orphelins de douze à dix-huit ans et six Frères, pris dans la colonie de Notre-Dame-des-Vallades.

La nouvelle colonie compta bientôt quatre-vingt-dix orphelins et enfants trouvés, dont la plupart étaient venus de la colonie des Vallades ou de celle de la Ronce, fondées toutes deux, dans la Charente-Inférieure, par M. du Luc, devenu le frère Marie-Théodore.

M. du Luc vint rejoindre son zélé collaborateur,
l'abbé Landman, en Algérie, accompagné de huit
Frères agriculteurs, chargés de diriger les quatre-vingt-
dix jeunes colons de l'établissement.

Pour aider les enfants dans leurs travaux agricoles,
parfois au-dessus de leurs forces, il est parvenu à atta-
cher à la colonie six ménages arabes, qui, en échange,
reçoivent le « cinquième » de la récolte.

La dernière colonie de jeunes garçons a été fondée à
Misserghin, près d'Oran, par M. l'abbé Abram, de
Montpellier.

Lorsque les anciens camps de Misserghin et de
Boufarik ont été concédés par l'administration au
P. Brumauld et à l'abbé Abram, certains journaux ont
vivement réclamé ; il n'y avait cependant pas de meilleur parti à tirer de ces camps abandonnés, dont l'entretien aurait coûté chaque année à l'État quelques
dizaines de mille francs.

Medjez-Amar était également un ancien camp
devenu inutile à notre occupation militaire. En concé-
dant gratuitement ces constructions et les terrains
environnants à des hommes charitables pour les trans-
former en colonies d'Enfants trouvés et d'Orphelins,
l'administration de la guerre a noblement compris son
devoir.

En 1852, la colonie de Misserghin renfermait cin-
quante-quatre orphelins recueillis après les ravages
épouvantables faits par le choléra dans les villages
fondés, en 1848, avec les émigrants parisiens. Mais le

plus important de ces orphelinats aujourd'hui est celui
des filles, à Mustapha, près d'Alger ; il renferme
quatre cents orphelines, placées sous la direction des
Sœurs de Saint-Vincent de Paul.

Avec de pareilles institutrices, il n'est pas besoin
de dire que l'enseignement moral et religieux ne laisse
rien à désirer. Il ne s'agit plus d'orphelinat agricole à
Mustapha ; mais on y forme d'excellentes domestiques,
d'habiles couturières, des femmes très capables de
tenir le ménage chez les petits artisans de nos villes
africaines.

Après cette étude intéressante d'une question bien
importante pour l'avenir de l'agriculture, nous son-
geâmes à quitter Boufarik, frais et joli comme un
verger, abondant en fruits, rempli d'odeurs d'étable,
soigné, fertile, un vrai coin de Normandie, la vraie
campagne et de vrais campagnards.

Mered.

En jetant un dernier regard sur ce paysage charmant, nous oublions qu'il a fallu, pour se l'appro-
prier, dix années de guerre avec les Arabes et vingt
années de lutte avec un climat beaucoup plus meurtrier
que la guerre !

Nous nous en souvenons seulement, en passant près
des cimetières, et quand nous nous arrêtons, plus

loin, au charmant village de *Beni-Mered*, sur la place duquel s'élève un obélisque, reposant sur une base disposée en fontaine. Sur une face on lit : « Aux vingt-deux braves de Mered. » Sur l'autre : « Combat du 10 avril 1842. »

Quel laconisme !... La véritable histoire de l'Algérie est ici, comme partout, inscrite sur quelques colonnes funéraires.

— Quel est donc le combat dont ce monument perpétue la mémoire? demandai-je vivement au cousin Jean.

— Je vais vous le dire.... Le voici tel que me le raconta un des rares survivants, l'unique peut-être de ce drame glorieux, me répondit mon aimable guide.

» Le 10 avril 1842, un sergent nommé Blandan, du 26ᵉ de ligne, sortait de Boufarik avec dix-huit hommes de son régiment et du 2ᵉ chasseurs, pour porter ou du moins assurer le transport de la correspondance jusqu'au blockaus voisin, à Mered. — Un sous-aide-chirurgien, allant rejoindre son poste à Blidah, s'était joint à la petite troupe.

» Arrivé au ravin couvert de broussailles qu'il fallait traverser, avant que d'atteindre le blockaus, le détachement, pris à l'improviste, est cerné, entouré par trois cents Arabes.

» Blandan, d'un rapide mouvement, forme sa troupe pour combattre, lorsqu'un grand nègre, qui paraissait être le chef des Arabes, se détache des rangs ennemis et lui dit en assez bon français :

» — Rends-toi, sergent, et il ne te sera fait aucun mal, ni à toi, ni à tes hommes.

» — Tiens, lui répondit Blandan, voilà comment je me rends !

» Et, le mettant en joue, il le tue, donnant l'ordre aux soldats de commencer le feu.

» Les Arabes plient d'abord sous la décharge ; mais, songeant à la faible troupe, à la poignée d'hommes qui est devant eux, ils reviennent et la criblent de balles !

» Trois fois ils s'élancent sur le petit détachement sans parvenir à l'entamer. Huit hommes pourtant sont tombés à leur première décharge ; Blandan, leur chef, a reçu trois coups de feu, mais il continue à commander.

» Le cheval du brigadier des chasseurs est tué, son cavalier renversé ; les blessés, couchés dans la poussière, rechargent les armes de leurs camarades, et ce sont cependant des recrues d'un an à peine de service qui n'avaient pas encore vu le feu. Blandan, épuisé, dit à son camarade, le brigadier désarçonné :

» — Prends le commandement ; car..., pour moi, je n'en puis plus.

» D'instant en instant la troupe héroïque diminue ; il ne reste plus que sept hommes debout ; aussi peuvent-ils compter les minutes qu'il leur reste encore à vivre..., Mais tout à coup les Arabes s'arrêtent, écoutent, se consultent et paraissent hésiter.

» Une colonne de poussière qui avance comme les nuées d'un ouragan, explique l'attitude des ennemis...

des cris retentissent au delà du ravin, du côté du blockaus, et achèvent de les troubler.

» Bientôt une troupe de cavaliers, dont les lames de
sabre lancent des éclairs, arrive : c'est le colonel
Marris qui vient de Boufarik avec ses chasseurs....
Puis, trente fantassins, sous la conduite du lieutenant
de génie Joulard, accourent de Mered.... Des deux
côtés on se jette sur la horde arabe. Les fantassins la
fusillent vivement ; les chasseurs la sabrent avec une
vigueur qui ne lui laisse que le temps de tourner bride
et de fuir, en abandonnant sur le terrain grand
nombre des siens, sans avoir pu enlever le plus petit
trophée à nos vaillants soldats.

» L'ennemi en déroute, le colonel Marris, se rap-
prochant du sergent Blandan, cherche à le ranimer et
veut l'encourager par quelque bonne parole partie du
cœur ; mais Blandan ne l'entend pas, et, poursuivant
son commandement héroïque, de ses lèvres déjà livides
il dit dans un dernier effort :

» — Courage, mes amis, défendez-vous jusqu'à la mort.

» Le colonel, enlevant sa propre croix de sa poitrine, la met dans la main du moribond.

» Ranimé au contact de ce signe de récompense
suprême, Blandan a la force de la porter à ses lèvres,
et il expire en la baisant.

» Ce combat héroïque émut l'âme du maréchal
Bugeaud, qui, en l'apprenant, adressa un ordre du jour
magnifique à l'armée. Il le terminait ainsi :

« Lesquels ont mérité le plus de la patrie, de ceux

» qui ont succombé sous le plomb ou des cinq braves
» qui sont restés debout et qui, jusqu'au dernier mo-
» ment, ont couvert le corps de leurs frères? S'il
» fallait choisir entre eux, je m'écrierais : Ceux qui
» n'ont pas été frappés! Car ils ont vu toutes les
» phases du combat, dont le danger croissait à mesure
» que les combattants diminuaient, et leur âme n'en
» a point été ébranlée. »

» Mieux que sur le marbre et le granit de la fontaine de Mered, le souvenir de Blandan et de ses compagnons est conservé dans le cœur du 26ᵉ de ligne, le
régiment de ces braves, qui célèbre l'anniversaire du
fameux combat par un service funèbre d'abord, puis
par des jeux militaires. »

Le lieu où a été bâti le joli village de Mered était
couvert autrefois de lauriers-roses, tamaris, jujubiers
et oliviers sauvages, fouillis inextricable à travers lequel
coulait un ruisseau descendant des hauteurs des *Sou-
mata*. Après avoir dépassé ce coupe-gorge, on trouvait
un blockaus gardé par une vingtaine d'hommes chargés de surveiller les Hadjouts de la plaine et de signaler
leurs mouvements à Boufarik et à Blidah qui se trouvaient ainsi reliés.

C'est au moment d'entrer dans le ravin que Blandan a été attaqué, me conta le cousin Jean, comme nous
prenions la route de Blidah. Un autre drame plus san-
glant et plus lugubre encore avait eu lieu sur ce même
point sept ans auparavant, par la perfidie d'un traître
infâme, un brigadier de spahis français.

Moncel.

« Trois fois de suite en peu de jours des groupes de cavaliers arabes se montrèrent en avant de l'Oued-Beni-Mered.

» Signalés aussitôt par le blockaus et la vedette de Boufarik, ils avaient cédé devant un escadron de spahis envoyé à leur rencontre, lorsqu'un jour l'homme, placé à l'observatoire de Boufarik, avertit que ces mêmes cavaliers se présentaient au même point que précédemment.

» Aussitôt cent soixante spahis montent à cheval et se dirigent sur Beni-Mered, sous les ordres du capitaine Lamorose, de deux lieutenants et de l'adjudant Goër du Hervé.

» On croit d'abord que tout se passera comme les premières fois ; mais au lieu de fuir, l'ennemi tient bon ; quoiqu'il soit en petit nombre (deux ou trois cents cavaliers au plus), il fait tête aux spahis et engage l'affaire d'assez près pour se faire charger.

» En effet, tous les spahis s'ébranlent à la fois et s'élancent dans le ravin, sur les pas des Arabes qui les entraînent ainsi dans le guet-apens le plus habilement préparé.

» Tout à coup les fuyards font volte-face, et, de droite, de gauche, de derrière les spahis, sortent deux mille cavaliers ennemis.... Le cercle de fer et de feu se referme sur notre escadron, qui ne peut ni avancer, ni reculer, et une lutte suprême s'engage sur ce terrain coupé de petits ravins, couvert de ronces, de broussailles, de touffes de laurier-rose, et dominé par les berges à pic de l'Oued-Mered. On se bat corps à corps, à coups de sabre et de crosse de fusil. Les Arabes ne font plus feu que contre ceux qui parviennent à faire une trouée et à leur échapper ; car, en tirant, ils risqueraient de tuer les leurs, tant la mêlée est terrible et serrée.

» La fuite n'était possible que par un étroit sentier, encore fallait-il passer sur le ventre des Arabes.

» Cette issue se trouva malheureusement fermée pendant quelque temps par le cheval d'un de nos cavaliers qui s'était mis en travers, et, ne voulant ni avancer, ni reculer, fut ainsi la cause de la mort de plusieurs spahis.

» Sur les cent soixante hommes si imprudemment engagés, quatre-vingts seulement échappèrent à ce massacre, encore étaient-ils tous blessés ou fortement contusionnés. Les uns trouvèrent un refuge au blockaus, les autres regagnèrent Boufarik.

» Pendant ce terrible combat, le général Brossard, qui commandait Boufarik, était à déjeuner ; on vint le prévenir qu'un engagement sérieux avait eu lieu à Mered, et, qu'autant qu'on pouvait en juger de l'observatoire, les spahis étaient compromis.

» Il ne se leva même pas de table et répondit tranquillement :

» — Tout à l'heure on enverra un bataillon à leur secours.

- » On n'analyse pas de pareils faits, on ne les qualifie pas, on se contente de les citer.

» Après que les débris de l'escadron Lamorose furent arrivés au camp, on fit partir tout ce qu'il y avait de cavaliers et un bataillon d'infanterie pour Mered, où les troupes rivalisèrent de zèle pour enlever les cadavres. Bien que ceux-ci fussent en partie mutilés et presque tous décapités, on les reconnaissait les uns à une chose, les autres à une autre. On retrouva les corps des lieutenants ; mais celui dont la vue causa la plus douloureuse impression, fut celui de l'adjudant Goër du Hervé, sur la poitrine duquel on lisait ces mots écrits avec la pointe d'un poignard : *« Moncel, 2 novembre 1837. »*

- » Tout un drame était dans cette affreuse inscription. L'adjudant Goër du Hervé, entré au service après 1830, par récompense nationale, en qualité de maréchal des logis, était un sujet très distingué ; mais ses airs importants l'avaient rendu peu sympathique à ses supérieurs et détestable à ses subordonnés.

» Parmi les brigadiers de l'escadron se faisait remarquer Moncel, homme d'un caractère exalté et énergique, en rapport avec sa taille colossale et sa force herculéenne. A tort ou à raison, il était l'objet des taquineries de l'adjudant qui ne le ménageait dans aucune occasion.

» De là, une haine terrible de Moncel contre cet adjudant dont il jura de se venger.

» Pour accomplir son serment, il prit la résolution

de déserter, et il l'exécuta en passant aux Hadjouts, c'est-à-dire à l'ennemi.

» D'abord il fut naturellement suspecté; on l'observa, on l'espionna; mais il montra tant de haine contre les Français, tant de bravoure dans les combats, tant d'adresse dans les embuscades, que les Hadjouts le prirent pour guide et pour chef. Il exécuta plusieurs coups de main très heureux pour les Arabes, et ceux-ci jugèrent dès lors qu'il méritait leur confiance, puisqu'il était irrévocablement compromis aux yeux de son pays. L'un des chefs des Beni-Salah lui donna même sa fille en mariage !

» Il se plaisait à écrire à ses anciens chefs après chacun de ses exploits, les raillant et les menaçant avec un cynisme incroyable. D'autres fois il s'adressait à des brigadiers ou à des maréchaux des logis avec lesquels il avait été bon camarade; il alla jusqu'à demander à l'un d'eux une entrevue en avant du blockaus de Mered.

» C'est ce Moncel qui avait préparé de longue main l'embuscade de Mered, et il l'avait fait avec une adresse infernale.

» Ces groupes de cavaliers, venant de temps en temps se montrer en avant du ravin, tiraillant contre nous et fuyant dès qu'on les chargeait, devaient inspirer une confiance dont il profiterait.

» C'est encore lui qui, jugeant ses projets assez mûrs, fixa le jour de leur exécution et en ordonna le détail, et ce fut lui qui, commandant, dirigeant les deux

mille cavaliers ennemis, se signala par les coups les
plus furieux. Après le massacre, il inspecta toutes les
victimes.

» Quand il arriva au cadavre de l'adjudant Goër,
de son ennemi personnel, de celui dont il avait juré la
mort, une joie infernale se peignit sur son visage.
Après avoir insulté, foulé aux pieds ce corps inanimé,
il le dépouilla, et, avec la pointe de son poignard, il
grava, sur sa poitrine, son nom et la date du 2 novembre 1837, afin que l'on sût bien qu'il avait dirigé
cette embuscade si fatale à nos spahis.

» Peu de temps après, le Ciel, las de ses crimes, le
livra à la justice des hommes. Ne se sentant plus en
sûreté chez les Hadjouts, dont les douars se sou-
mettaient successivement à notre autorité, Moncel
résolut de passer dans la province de Constantine et
d'offrir ses services au bey Achmed, qui, dépossédé
de sa capitale, tenait encore la campagne contre nous.

» Bien que soigneusement gardé, ce secret fut
découvert et livré aux autorités par sa femme, irritée de
son abandon.

» Le jour, l'heure du départ et la route à suivre
étant parfaitement connus, des gendarmes maures
furent embusqués, et lorsque Moncel arriva, monté sur
une mule, avec les apparences d'un paisible Arabe
revenant de vendre ses denrées à la ville, il fut arrêté,
reconnu par les gendarmes, dont quelques-uns avaient
servi avec lui aux spahis, et ramené garrotté à
Alger.

GÉNÉRAL LAMORICIÈRE (Voir p. 80).

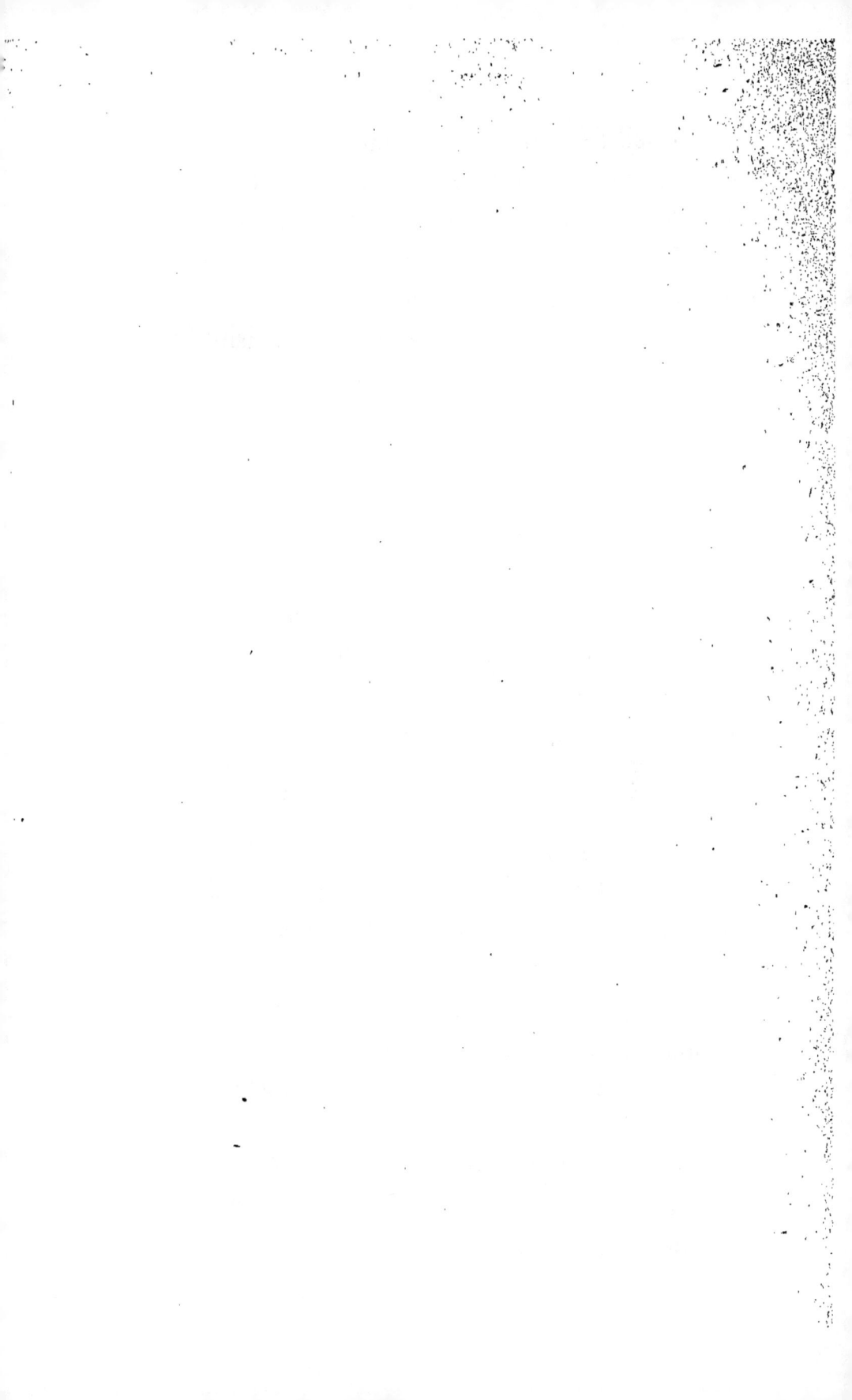

» Un conseil de guerre le condamna à mort et il fut fusillé sur la place Bad-el-Oued ; dix balles françaises vengèrent les nombreux soldats et colons tombés sous le fer de l'infâme déserteur. »

Nous arrivions à Blidah, et fort heureusement, pour effacer le pénible souvenir qu'éveillait le cousin Jean avec son lugubre récit.

Blidah.

Rien, en effet, ne peut mieux chasser les tristes pensées que Blidah, ce bosquet d'orangers qui fait de l'atmosphère tout entière un parfum.

Son climat est doux comme son nom de « rose ; » juste assez d'hiver pour aider les cultures européennes, un été qui semble propice aux tropicales, un air salubre, peu de vents du désert, tous ceux de la mer venant sans obstacle en passant par le plein nord.

A la porte de la ville, une plaine immense, et la montagne au-dessus d'elle.

En sortant par Bad-el-Sed, l'horizon est admirable de grandeur et de gravité, et nous y restons attachés, le cousin Jean et moi, comme devant un tableau merveilleux.

En face de Blidah, le *Tombeau de la Chrétienne*, posé entre le lac Haloûla, qui dort à ses pieds, et la masse écrasée du *Chenoûa* ; Mazafran, la rivière *aux eaux*

jaunes, qui débouche à travers le Sahel, par une étroite
ouverture où la mer apparaît; Koleah, toute blanche,
et qui, le soir, forme des pétillements singuliers sur les
coteaux bruns; à gauche, la ligne profonde des montagnes de Milianah, étagées par triples assises et
fermant la plaine énorme d'un rideau d'azur sombre.

La ville, presque entièrement française maintenant,
offre moins d'intérêt que son cadre lui-même.

Sur la place, nous rencontrons un Européen d'un
certain âge que mon cousin Jean salue profondément,
mais avec son flegme habituel, sans l'aborder, comme
s'il l'eût vu de la veille.

— Quelle est donc cette figure énergique, virile,
demandai-je avec intérêt à mon cicérone.

— C'est Si-Mustapha-ben-Roumi, autrement dit le
commandant X... dont l'histoire est bien singulière.
Écoutez plutôt.

Le commandant X***

« Le commandant X... arriva tout jeune à Alger,
vers la deuxième année qui en suivit la prise. A cette
époque, Alger n'avait pas de collège, et la première
éducation de l'écolier se fit sur la place publique avec
les enfants du peuple indigène. Il apprit là diverses
choses qu'à pareil âge on apprend sans maître, entre
autres la langue du pays et les plaisirs de l'indépen-

dance; mais on ne trouva pas que cela valut les leçons de famille, on le corrigea.

» La correction lui déplut, et, comme il n'aimait pas la contrainte, il quitta sa famille et s'enfuit.

» Arrivé dans le Sahel d'Alger, au moment de descendre vers la plaine, et peut-être de réfléchir aux hasards de son entreprise, il rencontra deux cavaliers arabes qui voyageaient ou maraudaient.

» — Qui es-tu?

» — Un tel, fils d'un tel.

» — Où vas-tu?

» — Devant moi.

» — Veux-tu venir chez les Hadjouts?

» Les Hadjouts alors étaient un grand sujet d'effroi. Bravement l'enfant répondit :

» — Je veux bien!

» Un des maraudeurs le prit en croupe, et, le soir même, on le conduisait tout droit à la tente du khalifet Béchir.

» — C'est un otage, dirent les cavaliers.

» — Non pas, dit Béchir, c'est un enfant.

» — Et ce sera le mien, dit la femme de Béchir qui l'adopta comme un présent du hasard et le nomma Mustapha.

» L'enfant grandit sous la tente; il brunit au soleil; tout de suite il mania des sabres. Élevé par des centaures, il devint ce qu'il est, un extraordinaire cavalier.

» Quand il eut quinze ans, on lui donna un cheval et des armes; quand il en eût dix-huit, un beau jour, l'ennui de la tente le prit, comme l'avait pris déjà l'ennui de la maison. La guerre était partout ; il avait à choisir entre deux patries, l'une natale et l'autre adoptive : il se décida pour la première.

» Il quitta le *douar*, non pas la nuit, mais en plein jour ; il dit à Béchir :

» — Je m'en vais.

» Et il courut à Blidah s'enrôler dans les spahis.

» De Blidah, il passa à Koleah ; de libre qu'il était, il devint soldat, mais toujours plutôt Arabe que Français.

» Deux ans plus tard, une *razzia* fut organisée contre les Hadjouts. Il fallait un guide pour diriger la colonne, un guide sûr qui connût le pays, la langue et surtout les habitudes de l'ennemi ; Mustapha fut désigné.

» L'affaire eut lieu ; on se battit. Vers la fin de l'action, deux cavaliers se rencontrèrent, échangèrent le feu de leurs armes, puis se chargèrent pour s'aborder, le plus jeune avec le sabre, le plus âgé avec la lance. Au moment où les chevaux allaient se toucher, les combattants se reconnurent :

» — C'est toi, Mustapha ?...

» — C'est toi, Béchir ?...

» Béchir, au dire des Arabes, était un héros, beau, intrépide et montant des chevaux admirables. Il s'arrêta tout droit devant le jeune homme, fit seulement le geste de lui effleurer l'épaule afin de ne déchirer que le burnous, et lui jeta sa lance.

» — Prends-la, dit-il, va la porter à ton général, et dis-lui que tu as enlevé la lance de Béchir.

» Puis, désarmé, les deux mains vides, il tourna bride et disparut.

» Resté dans l'armée, Mustapha devint commandant, et c'est lui que nous venons de rencontrer. »

Dans la nuit qui a suivi notre arrivée à Blidah, la pluie est tombée abondamment. Le matin, je la retrouvai aussi persistante; je sortis malgré tout, et quand j'étais loin de m'y attendre, je fus témoin d'une scène affreuse, l'exécution de criminels.

Une exécution.

C'étaient, m'a-t-on dit, quatre scélérats, et je n'ai pas eu de peine à le croire en les voyant. Ils marchaient deux par deux, dans une boue épaisse et sous la pluie battante, les mains liées derrière le dos, en burnous et pieds nus, flanqués du peloton de tirailleurs qui devaient les fusiller. Il y avait en outre, pour protéger la loi, deux bataillons de ligne et de la cavalerie.

La foule précédait, entourait, suivait.... Le cortège allait au petit pas. Des fanfares sonnaient une marche funèbre. On les menait à l'extrémité d'un bois d'oliviers, sur un tertre élevé de quelques mètres au-dessus d'une tranchée naturelle. J'eus la triste curiosité de suivre la foule et d'accompagner jusqu'au bout de leur vie ces quatre misérables.

Le temps était glacial et très sombre, quoiqu'il fût midi.

D'abord on leur délia les mains : chacun d'eux, sur un ordre reçu, ôta son burnous et en fit un paquet qu'il déposa par terre, à ses pieds; puis ils furent placés debout au bord de la tranchée, à six pas d'intervalle, et faisant face à la montagne.

Le peloton se rangea à dix pas derrière eux. Il était de quarante-huit hommes, douze pour chacun des condamnés. L'infanterie formait un étroit demi-cercle autour du lieu d'exécution, et, pour prévenir toute évasion, deux pelotons de cavalerie, le sabre au poing, stationnaient à droite et à gauche, au bord de la rivière. Au delà de l'Oued, gonflé par la fonte des neiges et qui leur barrait le passage, s'élevait la montagne, presque à pic en cet endroit-là. Un rideau de pluie attristait encore cette sombre perspective, fermée à tout espoir de délivrance.

Ces dispositions prises et rapidement, un officier lut le jugement, d'abord en français, puis en Arabe. J'apercevais ces terribles papiers, je pouvais en compter les feuilles et en mesurer la longueur. L'œil sur ma montre, calculant ce qui restait à lire, j'évaluais les minutes de grâce.

Ils étaient debout, calmes, plantés sur leurs jambes avec un aplomb qui ne fléchissait pas, imperturbables devant la mort prochaine, la main droite levée à la hauteur du front et l'index dirigé vers le ciel. C'est dans cette tenue mystérieuse qu'un Arabe, qui subit sa destinée, attend avec tranquillité son dernier moment.

— Savez-vous à quoi ils pensent ? me dit mon cousin Jean. Ils se disent que ce qui est écrit est écrit, et que, si leur mort n'est pas décidée, là-haut, malgré tout cet appareil effrayant, malgré ces quarante-huit fusils qui vont tirer sur eux comme dans une cible, ils vivront.

Quand la lecture fut achevée, il y eut quelques secondes de silence. Je sentis que tout était fini. Un des condamnés essaya de tourner la tête ; il n'en eut pas le temps.

Involontairement je fermai les yeux, mais involontairement aussi l'explosion me les fit ouvrir, et je vis les quatre hommes bondir sur eux-mêmes comme des clowns qui font un saut de carpe, et disparaître dans la tranchée. Puis j'entendis quatre coups de grâce, et les clairons sonnèrent aussitôt le départ. Un piquet de quelques soldats fut seulement mis en faction, près des cadavres qui devaient rester exposés là jusqu'au soir, pour être livrés alors à leur famille, si quelqu'un les réclamait.

Tout le jour, la pluie tomba sur eux. Vers le soir, le temps s'étant éclairci, je pus sortir de nouveau pour aller voir ce qu'ils devenaient. Il y avait là plusieurs Arabes avec des chevaux et des bêtes de somme. Quand on jugea que le soleil se couchait, les sentinelles s'éloignèrent. Alors, sans cris, sans pleurs, comme s'il se fût agi d'un ballot, chacun des cadavres

fut hissé, puis couché en travers d'un mulet, puis
ficelé de manière à garder son équilibre. Aussitôt la
cavalcade prit le pas et s'éloigna du côté de la Chiffa.
Les corps, étendus à plat, dépassaient, de toute la
longueur de la poitrine et des jambes, le bât très étroit
qui leur servait de civière. Ils étaient horriblement
raidis par ce séjour de six heures au froid et suivaient,
sans fléchir, le pas cadencé des animaux ; à les voir
à distance et vaguement dessinés sur le ciel où le jour
s'éteignait, on eût dit que les mulets portaient des
planches....

Les cigognes.

Le lendemain, un soleil radieux chassa les souvenirs
ugubres, embellit le pays, en même temps qu'un cri
d'allégresse était répercuté par tous les échos.

« Les cigognes sont arrivées! » c'est-à-dire l'hiver
est fini, le printemps s'établit véritablement.

J'avais vu, peu de jours auparavant, leur premier
courrier. C'était le matin, de très bonne heure, beaucoup de gens dormaient encore dans Blidah. Il venait
du sud, porté par une légère brise, s'appuyant, sans
presque les mouvoir, sur ses grandes ailes à l'extrémité noire, le corps suspendu entre elles « comme
entre deux bannières. »

Une troupe de pigeons ramiers, de corneilles et de

petits milans lui faisaient un joyeux cortège, et saluaient
sa bienvenue par des battements d'ailes et des cris.
Des aigles volaient à distance, les yeux tournés vers le
levant. Je vis la cigogne, suivie de son escorte, descendre de la montagne et se diriger vers Bab-el-Sebt.

Il y avait là des Arabes, qui sans doute avaient
voyagé la nuit, car ils étaient couchés pêle-mêle, avec
des dromadaires fatigués, toutes les charges réunies
au centre du bivouac, et les animaux n'ayant plus que
leur bât.

Quand l'oiseau sacré passa sur leur tête, un des
Arabes qui le vit étendit le bras et dit, en se levant
tout droit.

— *Chouf el bel ardy*, « regarde, voici la cigogne. »

Ils l'aperçurent tous aussitôt, et la regardèrent
comme un voyageur qui revient, en se répétant l'un à
l'autre :

— *Chouf t'ouchi ?* l'as-tu vue ?

Longtemps l'oiseau parut hésiter ; tantôt rasant
les murs, tantôt s'élevant à de grandes hauteurs, les
pieds allongés et tournant lentement la tête vers tous les
horizons du pays retrouvé. Un moment il eut l'air de
vouloir prendre terre ; mais le vent qui l'avait amené
retroussa ses ailes et l'emporta du côté du lac.

Les cigognes émigrent à l'automne pour ne revenir
qu'au printemps ; elles se montrent rarement dans la
plaine et n'habitent jamais Alger. Dans toutes les
villes de la montagne, au contraire, elles se réunissent
en grand nombre ; Constantine en est peuplée. Je con-

nais peu de maisons dans cette ville, la plus africaine et la moins orientale de toutes les villes algériennes, je connais peu de toitures un peu hautes qui ne supportent un nid. Chaque mosquée a le sien, quand elle n'en a pas plusieurs. C'est une faveur pour une maison d'être choisie par les cigognes. Comme les hirondelles, elles portent bonheur à leurs hôtes.

Il y a toute une fable qui les consacre et les protège : ce sont des *t'olba*, changées en oiseaux pour avoir mangé, un jour de jeûne. Elles reprennent tous les ans, leur forme humaine dans un pays inconnu et très éloigné, et quand, appuyées sur une patte, le cou renversé dans les épaules et la tête élevée vers le ciel, elles font avec un claquement de leur bec le bruit singulier de *Kuan, Kuan, Kuan,* c'est qu'alors l'âme des *t'olba*, toujours vivante en elles, se met en prière.

L'Oued-el-Kébir.

Nous avons fait, dès le matin, une course au fond du ravin de l'Oued-el-Kébir, qui, malgré son nom de *grande*, est une petite rivière (en France, on dirait un ruisseau), dont les pluies d'hiver et la fonte des neiges font tout à coup un torrent. Réduite à ses propres ressources, elle n'est plus rien.

Elle prend naissance au fond d'un ravin étroit, peu

profond, et, comme toutes les rivières montagneuses
à leur origine, on la surprend d'abord dans un riant
berceau, à fond de roche, tapissé de feuillages, de
roseaux et de lauriers-roses ; elle y naît dans la fraîcheur
de l'ombre, dans la retraite et le silence, comme les
idées dans le paisible esprit d'un solitaire.

Il y a quelques années encore, les Blidiens ne
sortaient pas sans avoir un fusil chargé sur l'épaule et
croyaient prudent d'être en nombre et tout armés pour
accomplir cette petite promenade à deux kilomètres
au plus de leur ville. Aujourd'hui, bien entendu,
chacun va seul aux sources de l'Oued, en fumant son
cigare avec autant de sécurité que dans un jardin
public.

On a bâti jusqu'à l'entrée de la gorge des moulins
et des usines rudimentaires, des briqueteries. Un peu
plus loin des travaux de barrage ont été faits pour
régulariser le cours du ruisseau, ce n'est donc que
quelques cents mètres au delà, que la promenade commence à devenir intéressante.

La route s'engage alors dans le ravin à travers des
pentes pittoresques, parmi des rochers tombés de la
montagne et roulés par la rivière au moment des grandes
eaux. L'Oued coule à côté du sentier, tantôt sur un lit
de sable et de gravier ressemblant à de l'ardoise en
poudre, tantôt à travers de larges blocs que le courant
contourne en écumant un peu quand il n'a pas la force
de les arracher de son lit.

La montagne est rocheuse, escarpée et fréquemment

creusée par de profonds éboulements ; un peu plus
loin, la gorge s'élargit et se découpe en ravins latéraux;
la végétation s'épaissit, et, chaque écartement de la
montagne forme alors un entonnoir baigné par le fond
et encombré de hauts feuillages.

On approche ainsi du cimetière. Il est tout entouré
de barrières rustiques, composées d'arbres morts et
de halliers, et, protégé par une ceinture impénétrable
de lentisques, de myrtes et de lianes ; au fond, une
sorte de bocage ombreux, de grands oliviers très verts,
des caroubiers plus sombres encore, d'immenses frênes
et des peupliers-trembles.

Au centre de cet enclos solitaire, très recueilli, très
abrité, où le soleil ne pénètre que pendant le milieu
du jour, un terrain plein d'herbes et couvert de tombeaux. Trois ou quatre seulement forment des petits
monuments semblables à des *marabouts* de quatre ou
cinq pieds de haut, avec un couronnement dentelé et
la *kouba* conique. Ce sont les sépultures de personnages
religieux, ou célèbres à quelque titre parmi les Arabes.

Une vieille femme gardait le cimetière, accroupie sur
le revers d'une tombe, la tête inclinée sur ses genoux.
Elle avait un sarrau rayé de bleu, de jaune vif et de
rouge éclatant, mal attaché sur ses épaules. Les bras et
les pieds nus, la tête entourée d'un fichu noir, et le
visage à moitié caché par des cheveux tout grisonnants.

— Salut à toi, ô mère, lui dit mon cousin Jean,
que ta journée soit bonne.

— Qu'y a-t-il, et que viens-tu faire ? demanda la

vieille avec un peu d'alarme, en nous voyant, tout à coup dans l'enceinte réservée.

Nous répondîmes : « rien que le bien » — et nous nous assîmes sur une des barrières.

Une bougie rose brûlait dans le creux d'un arbre renversé, vers le milieu du cimetière. La face des quatre marabouts qui regarde le levant, était inondée de cire fondue, et dans une sorte de niche, creusée dans la paroi du plus orné et du plus ancien des quatre, brûlait une autre mèche odorante dont on voyait seulement la fumée.

— Savez-vous ce que furent ces gens-là, demandai-je au cousin Jean, vous qui savez tout ?

— Des hommes, me répondit-il un peu sentencieusement, je ne pourrais vous dire que leurs noms et leur légende, mais à quoi bon ? Ils habitaient un pays qui n'est pas le vôtre, et parlaient une langue que vous entendez à peine. S'ils ont fait du bien ou du mal, cela ne nous regarde pas, et nous n'avons même pas le droit d'illuminer une bougie rose en leur honneur.

Au moment où nous repassions la barrière, un Arabe qui venait d'entrer dans l'enceinte, alla dévotement baiser la tombe du *saint* et se mit à genoux dans l'herbe, pour faire sa troisième prière, car il était une heure après-midi.

A quelques pas en arrière du cimetière, se cache un village, ancien séjour de l'aristocratie de Blidah. Incendié et pillé en 1836, pillé encore en 1840, il est aujourd'hui réduit à une quinzaine de masures,

dont une seule couverte en tuiles, le reste en pisé,
avec la toiture en roseaux. Nous passons par là pour
rentrer chez nous, des chiens nous aboyant aux jambes,
des enfants criant avec effroi, comme s'il se fût agi d'un
nouveau siège....

Une fantasia.

Le lendemain de cette promenade matinale nous
prenions le chemin de la plaine. C'était un samedi,
jour du *Sebt* ou grand marché des Hadjouts ; il y avait
fête à l'issue du marché, et nous avions reçu, mon
cousin Jean et moi, du Caïd lui-même, un billet céré-
monieux qui nous invitait à la *diffa* du soir.

La fête était une sorte de réunion cantonale organisée
par plusieurs douars voisins, dans l'intention de se
divertir à frais communs, de monter à cheval, de
courir, de brûler de la poudre, derniers plaisirs qui
restent à cette petite peuplade, aux trois quarts dé-
truite, à qui la guerre, avec ses réelles émotions de la
vie militaire sont interdites, et que la paix ennuie
comme le néant.

Les Hadjouts n'ont jamais aimé ni pratiqué quoique
ce soit, excepté les industries de la guerre. On se
faisait Hadjout, comme on se fait soldat. Quand aux
femmes, épouses ou mères, filles ou sœurs de soldat,
seller les chevaux qui vont combattre, armer de leurs

propres mains ces hommes intrépides, les assister de loin, les accueillir par des cris d'enthousiasme, pleurer les morts et panser les blessures, tel était le plaisir martial qui leur revenait dans une existence aventureuse dont la guerre, sous toutes ses formes, petites ou grandes, faisait le mobile, les charmes et le fond.

Voilà pourquoi une *fantasia*, qui ne vaut pas la guerre, mais qui lui ressemble, est aujourd'hui le spectacle le plus propre à consoler des vétérans qui ne la font plus, ou des jeunes gens qui ne l'ont jamais faite.

A midi, nous arrivions au marché, où nous savions trouver le Caïd; c'était lui faire doublement honneur que de nous rendre à son audience du sebt et de venir le saluer dans sa tente.

Le sebt se tient au fond de la plaine, sur le territoire hadjout, dans la grande lande qui s'étend entre la Mouzaïa et le lac. Comme son nom l'indique, il a lieu le septiéme jour de la semaine, sous la présidence, soit d'un officier du bureau arabe, soit du Caïd, qui remplit les fonctions de juge, pendant ces journées fertiles en contestations, en querelles d'intérêt, en escroqueries, petits procès inséparables de tout commerce et qui sont réglés séance tenante.

Sur le marché, boutiques, acheteurs, marchands, gens à pied et à cheval, bêtes de service et bêtes d'achat, tout se trouve aggloméré sans beaucoup d'ordre ni de prudence. Les grands dromadaires se promènent librement et se font faire place, comme des géants dans une assemblée de petits hommes ; le bétail se répand partout où il peut, et, dans ce pêle-mêle, où les intéressés seuls savent se reconnaître, il est assez malaisé de distinguer les gens qui vendent d'avec ceux qui achètent.

Au centre de ce bivouac, improvisé pour quelques heures seulement, s'élevait la tente du Caïd, surmontée de ces trois boules de cuivre et du croissant, et précédée de l'étendard arabe aux trois couleurs, qui accompagne partout les chefs militaires. A l'intérieur, il y avait des tapis, des coussins, et dans les coins, des armes parées ; au milieu, se tenait le Caïd, homme de quarante-cinq ans, très grand, très maigre, très beau, avec l'air ennuyé qui sied bien au commandement ; beaucoup d'allure, la physionomie impérieuse et douce, les yeux admirables. Il donnait des ordres, expédiait ses chaouchs, et, de temps en temps, recevait lui-même et comptait, de ses propres mains, je ne sais quel impôt, soldé en monnaie de cuivre, qui passait immédiatement dans une grande bourse à fond d'or.

Quand le moment de lever la séance fut arrivé, le Caïd se fit amener son cheval. Ses cavaliers se mirent en selle, ses musiciens se groupèrent en ligne derrière lui. Le porte-étendard s'empara du drapeau et se plaça, d'après l'usage, entre le Caïd et les musiciens.

Deux cavaliers, le fusil droit, formaient l'avant-garde ; j'imagine que cet appareil, bien superflu, n'avait pas d'autre but que de nous faire honneur ; en tout cas, nous fîmes, au son continu des tambourins, des hautbois et des fifres, au pas mesuré des processions, la petite lieue qui nous séparait du rendez-vous où se donnait la fête.

C'était, à peu de distance des douars, dans un terrain vague, peu broussailleux, choisi tout exprès pour que la course y fût facile.

On y avait établi d'un côté des tentes ouvertes, tentes d'hospitalité, à l'intention de ceux qui voudraient y dormir ; de l'autre, une grande tente en laine sombre, vaste comme une maison, entièrement close, excepté par un seul endroit, celui qui regardait l'horizon vide. La paroi faisant face au champ de course était abattue jusqu'à terre ; seulement, comme l'étoffe était vieille et criblée de trous, les femmes, réunies d'avance, avaient beaucoup plus de fenêtres qu'il n'en fallait pour bien voir, — il est vrai qu'il n'y en avait pas d'assez larges pour qu'on les vît.

En face du pavillon des femmes, au-dessus duquel flottait un petit drapeau rouge, était planté l'étendard de soie du Caïd ; les deux bannières déterminaient le point d'arrivée des coureurs, c'est-à-dire le but où les chevaux bien menés devaient s'arrêter court, où les fusils devaient tirer, les saluts de la poudre s'adressant de droit au Caïd d'abord et puis aux femmes.

Il était quatre heures ; les préparatifs semblaient terminés. La *diffa* cuisait dans la tente fermée, où de confuses rumeurs se faisaient entendre et d'où s'échappait, comme à travers des soupiraux de cuisine, une forte odeur de ragoûts mêlée à des fumées de bois vert.

Tout ce que le territoire hadjout pouvait fournir de cavaliers valides était réuni ; une ligne épaisse de deux cents chevaux environ fermait, au sud, l'extrémité du champ de course, beaucoup plus long que large.

Le bivouac se remplissait de gens en tenue de guerre, ayant cette marche incertaine que donnent aux cavaliers arabes, le volume et le poids des doubles bottes, et surtout l'embarras des longs éperons traînants.

La première course fut un jeu pour mettre le spectateur en haleine et faire sentir aux chevaux l'odeur de la poudre. Il n'y avait d'intérêt que dans la vitesse des cavaliers pris au hasard, montant n'importe quel cheval ; il ne s'agissait point de parader, de faire des prouesses ; il suffisait de courir ventre à terre, de décharger ses armes en atteignant le but, et de recueillir, en passant, les *you-you* des femmes qui répondent, en manière d'applaudissement, aux salves dont la mousqueterie les salue. Toutes les classes et toutes les fortunes ont droit de prendre part à ces jeux. Le valet court à côté de son maître s'il est assez bien monté pour suivre son allure ; en vertu de ce principe applicable aux jeux militaires, que, devant l'ennemi, il n'y a ni distinction de caste, ni supériorité de naissance, un cavalier vaut un cavalier, et le galop d'un cheval doit égaliser tous les rangs.

Ce prélude, au reste, fut très court et ne dura pas plus de quelques minutes. Le Caïd avait pris place au

MARÉCHAL CLAUSEL (Voir p. 128).

pied du drapeau, ayant près de lui ses deux fils, deux
jolis enfants, l'un de six ans, l'autre de dix. L'aîné,
costumé, coiffé, botté comme un jeune soldat, avec de
longs bas de cuir jaune, et, trônant dans une attitude
princière, comme si ce spectacle eût été donné en son
honneur, se renversait, pour être plus à l'aise, sur de
vieux serviteurs, à barbe grise, qui s'étaient couchés
à plat ventre, de manière à lui servir de coussins.

Des cris éclatèrent au fond de l'hippodrome, où la
cavalerie, prête à partir, s'organisait par petits pelotons.

Le premier départ fut magnifique : douze ou quinze
cavaliers s'élançaient en ligne ; c'étaient des hommes
et des chevaux d'élite. Les chevaux avaient leur harnais
de parade ; les hommes étaient en tenue de fête, c'est-
à-dire de combat : culottes flottantes, *haïetés* roulés
en écharpe, ceinturons garnis de cartouches et bouclés
très haut sur des gilets sans manches et de couleur
éclatante.

Ils arrivaient au galop, droits sur la selle, les bras
tendus, la bride au vent, poussant de grands cris,
faisant de grands gestes, mais d'un aplomb si parfait,
que la plupart portaient leurs fusils posés en équilibre
sur leur coiffure en forme de turban, et, de leurs deux
mains libres, manœuvraient soit des pistolets, soit des
sabres.

A dix pas de nous, par un mouvement qui ne peut
se décrire, tous les fusils voltigèrent au-dessus des
têtes ; une seconde après, chaque homme était immo-

bile et nous tenait en joue. Le soleil étincela sur des armes, des baudriers, sur des orfévreries ; on vit dans un miroitement rapide, briller des étoffes, des selles brodées, des étriers et des brides d'or ; ils passèrent comme la foudre, en faisant une décharge générale qui nous couvrit de poudre et les enveloppa de fumée blanche.

Les femmes applaudirent.... Un second peloton les suivait de si près, que les fumées des armes se confondirent, et que la seconde décharge répéta la première, comme un écho presque instantané. Un troisième accourait sur leurs traces dans un nouveau tourbillon de poussière et tous les fusils abattus vers la terre.

La mousqueterie ne cessa plus : coup sur coup, sans relâche, des cavaliers se succédèrent à travers le même rideau de poussière et de poudre enflammée; les femmes qui continuèrent de battre des mains et de pousser des glapissements bizarres, purent respirer, pendant une heure, l'ardente atmosphère d'un champ de bataille.

De temps en temps, et comme des acteurs de premier ordre, sûrs d'eux-mêmes et certains d'être applaudis, des cavaliers couraient isolément, ou deux à deux, et, alors, dans un tel ensemble que les deux chevaux avaient l'air d'être conduits par une seule main ou attelés à un seul timon qu'on ne voyait pas.

A six heures à peu près, la fête fut finie. Aussitôt que la nuit tomba, on servit la *diffa*, et, pendant deux heures, on n'entendit plus que le murmure de la foule attablée sur l'herbe, le va-et-vient des cuisiniers qui portaient les plats.

Après la *diffa* vint la danse ; on alluma de grands feux dans la lande, immenses feux de broussailles qui jetèrent une flamme claire, et un large cercle s'établit autour du danseur.

La nuit fut magnifique d'étoiles, mais excessivement humide et glacée. Jusqu'au matin nous restâmes assis sur l'herbe et grelottants sous la rosée ; puis, le danseur, fatigué, ne dansa plus ; les chants épuisés s'interrompirent, et les feux continuèrent seuls à pétiller au milieu du silence absolu d'une assemblée de gens accroupis, dont les trois quarts au moins s'assoupissaient.

Les gorges de la Chiffa.

On ne va pas à Blidah sans aller visiter les *Gorges de la Chiffa,* au fond desquelles passe la route de Médéah construite tantôt sur l'un, tantôt sur l'autre bord de la rivière ; et nous avons fait comme tout le monde, le cousin Jean et moi.

C'est là une promenade moins pittoresque qu'impressionnante, car elle se fait au fond d'un entonnoir que dominent des pitons d'une hauteur effrayante. Le piton de droite, en allant à Médéah est celui que nos victoires ont illustré sous le nom du col des Mouzaïa, qui lui vient de la légère dépression de terrain qui le termine et de la tribu arabe qui en habite les flancs.

C'est en se rendant maître de ce col, après cinq à six heures d'ascension et de combats sanglants, qu'on gagnait Médéah en descendant le versant sud de l'Atlas.

La crête du col est si élevée, que le maréchal Clausel pouvait, en 1830, la première fois qu'il y monta, dire à sa troupe :

— Soldats, les feux de vos bivouacs se mêlent aux étoiles du firmament.

Le maréchal Clausel dut conquérir ce même col en 1835 et il fut suivi en 1840 sur ce chemin glorieux, mais ardu, par le maréchal Valée, le duc d'Orléans, et le duc d'Aumale, débutant alors dans l'art militaire. où il est passé maître.

La route de Médéah par le col étant, avec raison, reconnue longue, difficile et dangereuse, il fallait en chercher une autre et on ne trouva que le cours de la Chiffa en la remontant le long de la fissure par laquelle elle passe de la province de Tétery dans la Mitidja.

En faire un chemin convenable n'était pas une petite affaire !... il fallut quadrupler au moins cette fissure naturelle, niveler le sol le long des deux berges, éventrer la montagne en vingt endroits, faire sauter des milliers de mètres cubes de granit; déraciner des hectares de forêts séculaires... Un vrai travail de géants !!

On y mit quatre, cinq, six bataillons échelonnés le long de la rivière, et, en trois ans, la route était faite, mais non sans avoir perdu pas mal de soldats ouvriers, par suite d'accidents, inévitables dans des travaux aussi importants et aussi dangereux, infiniment moins cependant que les balles arabes qui tuaient les hommes chaque fois que la troupe passait par le col pour aller à Médéah.

Après avoir suffisamment admiré les sauvages beautés des Gorges de la Chiffa, nous déjeunons à l'auberge établie à mi-distance de l'entrée et de la sortie.

Nous attendons là, paisiblement, des singes qui ne viennent jamais! Car les singes des Gorges de la Chiffa font partie des curiosités de l'Algérie : on raconte qu'ils sont demi-apprivoisés et viennent manger le pain qu'on leur jette. En tout cas, ils furent moins aimables pour nous et il ne s'en montra pas un seul.

Nous ne pûmes renouveler l'expérience ; ce devait être là, en effet, notre dernière promenade à Blidah. Le lendemain même nous prenions le chemin de fer d'Alger à Oran, pour aller plus à l'ouest.

Nous traversons ainsi les nombreux champs de bataille, arrosés du sang de nos soldats victorieux ; nous voyons une suite de villages de colons.

De la station d'Affreville, nous saluons Miliana, plaquée contre le Zacar, qui nous fait face et nous poussons plus à l'ouest, parce que ce ne sont pas des souvenirs belliqueux que nous cherchons, mais des témoins de la primitive Église d'Afrique, sur laquelle les Barbares ont entassé plus de quinze siècles d'ignorance et de sable, et qui, depuis sa délivrance par nos armes perce sur certains points le lourd et noir linceul qui la couvre.

C'est à Orléansville, cité nouvelle, puisqu'elle n'a été fondée qu'en 1843, que nous nous arrêtons ; c'est là, en effet, que nous allons trouver et vénérer le tombeau du saint évêque *Reparatus* dont nous devons la conservation à Mgr Dupuch ainsi que me l'avait appris le cousin Jean, au début de notre voyage, à la cathédrale d'Alger, et en me parlant du prélat français, premier évêque d'Algérie.

Nos hommages rendus à la tombe vénérable de l'évêque *Reparatus*, nous reprenons le chemin de fer pour Oran, évêché et chef-lieu du département de ce nom.

Oran.

Oran a une place importante dans l'histoire de l'Algérie et de l'Espagne. Par sa position stratégique à l'entrée du détroit de Gibraltar, elle devait, nécessairement, être également convoitée par la puissance chrétienne de la rive nord de la Méditerranée et par le pouvoir barbaresque de la rive sud.

Oran, bâti par les Maures, leur fut enlevé par le grand ministre espagnol, le cardinal Ximénés, qui s'empressa de le fortifier, ainsi que Mers-el-Kebir, qui termine au nord-ouest la demi-circonférence de la baie d'Oran, dont le port est le meilleur de la côte africaine.

Les Espagnols hérissèrent de forts leur nouvelle conquête, ils en bâtirent sur tous les points culminants et leur donnèrent les noms de : Sainte-Croix, Saint-Philippe, Saint-Grégoire, Saint-André, etc.

Cette occupation fut assez forte, pendant des années, pour que les terribles frères Barberousse n'osassent pas entamer la lutte, et fussent forcés de tourner Oran, au loin, pour exercer leurs dépradations dans l'intérieur des terres.

Quand Haroudj, l'aîné des deux Barberousse, eut succombé dans un combat contre les Espagnols, son frère Khaïr-Eddyn donna une impulsion plus féroce et plus politique aussi, à la piraterie, en se plaçant sous la suzeraineté du sultan de Constantinople. Il désola les populations chrétiennes ; il prit « Mahon » dont toute la population fut transportée en esclavage ; il enleva « Bougie », « Tunis », et le *Penon* d'Alger aux Espagnols, mais sans rien osé entreprendre contre Oran, qui resta aux chrétiens jusqu'en 1707.

L'Espagne, agitée à cette époque par les discordes sanglantes qui suivirent la mort de Charles II, et par la guerre de succession, n'avait pu porter qu'une attention secondaire à ses possessions du nord de l'Afrique.

Oran n'avait qu'une très mauvaise garnison, très faible, sans approvisionnements suffisants, et cependant résistait aux tentatives des bandes algériennes, avec l'aide, toutefois, de la puissante tribu des Beni-Amer, qui furent, bien plus tard, en 1830, nos premiers et plus fidèles alliés.

Hassem-Bey, après plusieurs conférences secrètes avec le consul anglais, qui lui promettait l'appui d'une flotte de sa nation, partit pour Oran, à la tête de son armée, dès les premiers jours de mai 1707, et mit le siège devant la ville.

Les assiégés, ne recevant aucun secours de l'Espagne, se laissèrent aller au découragement. Ceux qui défendaient le fort Saint-Philippe se rendirent les premiers en septembre 1707, à la condition d'avoir la liberté. Il n'en fut rien : réduits en esclavage, ils furent envoyés au bagne d'Alger.

Le château de Sainte-Croix fut rendu par une horrible trahison des soldats de la garnison, qui tendirent des échelles aux Turcs et les firent monter dans la place, après avoir maltraité et enfermé leurs officiers qui voulaient résister; ils n'en furent pas moins emmenés comme esclaves.

Le château de Saint-Grégoire fut pris d'assaut le 1er novembre ; les Turcs tuèrent tout ce qui s'y trouva, à l'exception de six hommes qui s'étaient cachés.

Le commandant du château Saint-André fut trompé par une capitulation écrite en arabe, qu'on lui *disait* contenir l'engagement de le laisser libre.

Mers-el-Kébir, qui avait une garnison de douze cents hommes, pressé par la famine et le manque d'eau, fut

forcé de se rendre ; enfin, après un an de siége, la ville
capitula. Le 24 mai 1708, Baba-Assan fit son entrée
à Alger, amenant plus de deux mille prisonniers. Le
consul anglais, seul, illumina trois nuits de suite ; cette
basse flatterie déplut aux musulmans.

Lorsque le traité d'Utrech eut raffermi Philippe V
sur le trône d'Espagne, il annonça son intention de
reconquérir Oran, par un manifeste daté de Séville,
le 7 juin 1732.

Rien ne fut négligé pour le succès de l'expédition ;
une belle flotte, portant vingt-cinq mille hommes, partit
d'Alicante le 15 juin et mouilla, trois jours après, au
cap Zalcan. L'expédition était sous les ordres du comte
de Mortemart.

Le généralissime faisait ses préparatifs d'attaque,
lorsqu'une affaire d'avant-garde décida du sort de la
place. Les Turcs poursuivaient l'aile droite de l'armée
espagnole, quand les grenadiers de l'aile gauche, com-
mandés par le marquis de Villa-Durias, parurent sur
le sommet d'une colline qui dominait la ville.

La garnison, dans les forts, fut si effrayée à cette
vision inattendue, qu'elle se replia en foule vers la
ville, et y répandit l'alarme.

Avant la nuit, Oran et tous ses châteaux furent
déserts.

Cette nouvelle occupation espagnole dura vingt-cinq
ans, durant lesquels Oran ne cessa d'être assiégé par
les musulmans, soit algériens, soit marocains.

L'Espagne se décida facilement à abandonner une

position qui était pour elle une charge sans aucune compensation. La ville et les fortifications avaient été ruinées par deux tremblements de terre, et Oran coûtait annuellement quatre millions et une dizaine de mille hommes, morts, esclaves, déserteurs ou, ce qu'il y avait de plus triste,... renégats....

Les Français occupèrent Oran sitôt après la conquête d'Alger et cette fois encore, mais pacifiquement, les Espagnols en reprirent le chemin.

L'Algérie tout entière contient, à l'heure qu'il est, près de cent mille Espagnols. Les deux tiers habitent la province d'Oran; et, dans la ville même, il y en a vingt-cinq mille, tandis qu'il n'y a que onze mille Français.

L'émigration va croissant. Les paysans de Valence et de Murcie ne sont qu'à quelques heures de mer; qu'il arrive une mauvaise saison, comme celle de 1879, et les barques les amènent par centaines. Ils couchent le long du port ou sur les places, et, s'ils ne trouvent pas à se louer comme portefaix ou jardiniers, s'en vont dans la campagne se livrer aux travaux des champs et à la récolte de l'alfa. Ce sont de bons cultivateurs, sobres et laborieux, fort entendus aux soins que réclame la terre algérienne, qui reste improductive sans irrigations. Ils ont dans les veines du sang de ces Maures qui apprirent à l'Espagne à ménager ses eaux.

L'émigration leur coûte d'autant moins, qu'à Oran ils peuvent se croire encore dans leur pays, les deux bords de la Méditerranée se ressemblent trait pour trait, et ils se retrouvent au milieu de leurs compatriotes qui ont une colonie jusque dans les moindres villages de la province. A Oran même, la mairie rédige ses affiches dans les deux langues, et l'Espagnol est aussi fréquemment sur les enseignes que le Français.

Dans le populaire, c'est le costume espagnol qui domine : le mouchoir noué autour de la tête, la veste courte et noire, la large ceinture passée sur le gilet et le pantalon, les guêtres boutonnées. Quelques-uns portent le large sombrero. Cette importance de l'élément espagnol accentue encore le caractère africain de la province ; les teints y sont bistrés comme du cuir de Cordoue, les yeux sont noirs et sombres....

Comme ville, Oran n'offre rien de très curieux ; quand on a parcouru la charmante promenade de Letang, qui longe la mer, au milieu des arbres et des fleurs et d'où l'on a plusieurs vues remarquables des côtes qui se dessinent jusqu'à Mers-el-Kebir, on n'a plus qu'à monter sur une des hauteurs voisines, pour contempler le panorama de la ville qui possède un encadrement bien intéressant, bien particulier.

Les Espagnols, pendant leur occupation de trois siècles, en avaient fait un bagne, et, pendant trois siècles, les forçats furent occupés à maçonner et à bâtir. Il semble que les gouverneurs mettaient leur orgueil à ajouter quelques murailles à celles qu'avaient laissées leur prédécesseur, si bien que la ville a toutes les hauteurs qui la bordent absolument couvertes de fortifications.

D'Oran, nous continuons notre voyage sur Tlemcen et nous nous arrêtons quelque temps à Aïn - Tmouchen, station du chemin de fer, autrefois simple hameau, et aujourd'hui gros village gardé par une redoute, seule protection des colons.

Aïn-Tmouchen rappela à mon aimable compagnon, le cousin Jean, deux faits d'un caractère bien différent qu'il ne manqua pas de me raconter.

Marin.

— Voyez-vous, me dit-il, voyez-vous ce monticule surmonté de deux marabouts en ruines, au pied duquel passe la route carrossable? Il a été témoin d'un fait sinistre, inouï, dans les fastes de l'armée française : de la reddition à l'ennemi d'un lieutenant à la tête de deux cents hommes, sans avoir tiré un coup de fusil, lors de l'insurrection de 1845!...

» Le poste d'Aïn - Tmouchen se trouvant sur la route que l'on supposait devoir être prise par Abd-el-Kader, le général Cavaignac n'était pas sans inquiétude. Il n'y avait là, en effet, pour toute garnison, qu'une compagnie de zouaves d'un effectif très faible et sans autres munitions que celles que le soldat porte habituellement dans son sac et dans sa giberne.

» Le général résolut d'y envoyer des renforts en hommes et en cartouches, et il donna l'ordre de réunir

tout ce qu'on trouverait de fantassins valides à Tlemcen, d'y joindre quelques mulets chargés de munitions,
et de diriger le tout sur Aïn-Tmouchen.

» Deux lieutenants se trouvaient disponibles,
MM. Hilarin, du 41e et Marin, du 15e léger; ce fut à
ces deux officiers que l'on confia le commandement de
ce détachement, et on leur adjoignit M. Cabasse, sous-
aide des hôpitaux militaires.

» Les règlements militaires veulent que, quand deux
officiers de la même arme marchent ensemble, le plus
ancien ait le commandement en chef, et, à ce titre,
c'était à M. Hilarin que revenait l'honneur de conduire
le renfort à Aïn-Tmouchen; mais, pour des raisons
qu'il est assez difficile d'expliquer, on viola les lois
militaires pour mettre M. Hilarin sous les ordres de
M. Marin.

» A l'entrée de la nuit, ce détachement, dont la
moitié sortait à peine de l'hôpital, se mit en route pour
sa destination ; à minuit, il avait passé l'Isser, et au
jour, il arrivait sur un mamelon où se trouvaient trois
marabouts aux trois quarts ruinés.

» On n'était plus qu'à deux petites lieues du but de
la marche; Marin ordonna de faire halte pour déjeuner.

» Pendant ce repos, l'on vit déboucher des *goums*
nombreux de cavalerie, au milieu desquels on distin-
guait Abd-el-Kader.

» Le premier mouvement de nos soldats fut de
courir aux armes. Mais une sorte de folie s'empara

alors de Marin; il défendit de bouger, et s'avançant vers Abd-el-Kader, il lui offrit de se rendre, s'il lui garantissait la vie sauve pour tout son détachement.

» On vit alors la cavalerie entourer ces deux cents hommes, s'emparer de leurs armes ainsi que de leurs munitions, et les conduire comme un vil troupeau de moutons, vers la Tafna, pour gagner ensuite le Maroc.

» Quelle fatalité pesait alors sur notre armée! Au lieu de marcher rapidement sur Aïn-Tmouchen, Marin, qui a déjà fait presque tout le chemin, s'arrête et perd un temps précieux dans une halte inutile.

» L'endroit où cette halte a lieu est des plus propres à la défense; les vieux marabouts, la position dominante où ils se trouvent, offrent des moyens puissants de résistance; on n'essaie même pas de les mettre à profit. . . . .

Safrané.

» La seconde histoire, bien plus gaie, continua le cousin Jean, a eu pour héros le capitaine Safrané, un Béarnais pur sang, brave et fin comme le *Henric* de son pays. Il avait toujours dans son sac quelque ruse de guerre ou quelque malice de gai compagnon.

» Au plus fort de l'insurrection de 1845, au lendemain du désastre de la petite colonne de Montagnac à Sidi-Brahim, Safrané était enfermé dans la redoute de

Aïn-Tmouchen, qu'il était chargé de garder avec sa compagnie, réduite par les fièvres à une cinquantaine d'hommes et approvisionnée des seules cartouches de la giberne.

» Abd-el-Kader, fier de ses succès éphémères, tournait autour de la redoute à peine ébauchée, cherchant par où il pourrait l'attaquer et l'enlever, tandis que, de son côté, Safrané s'ingéniait pour imposer à l'ennemi et ne trouvait rien de mieux que le stratagème suivant.

» Réunissant toutes les calottes et les chapeaux laissés sans emploi par les zouaves et les colons, il les plaça sur des bâtons, le long des fortifications, de manière à dépasser à peine la crête du talus. Prenant ensuite une dizaine de charrues à roues existant dans le village, il les mit aux angles de la redoute, en y ajoutant une pièce de bois noirci, pour simuler le canon. La ruse était enfantine; il suffisait d'une bonne lunette pour la découvrir. Mais soit qu'elle eût trompé Abd-el-Kader, soit que celui-ci eût des motifs personnels de ne pas persister dans ses projets, le capitaine Safrané eut la satisfaction de voir les Arabes s'éloigner le lendemain.

» Du reste, Safrané avait des ressources pour tous les cas dans son sac béarnais; en voici un qui ne manque pas d'originalité.

» Quoique dans la force de l'âge, il avait perdu les cheveux et les dents dont la nature l'avait gratifié, et remplacé les premiers par une perruque, les seconds par un râtelier mobile savamment agencé.

» Ces deux merveilles de l'art lui servirent à se débarrasser d'amis trop obséquieux, comme les charrues l'avaient délivré d'ennemis trop inquiétants.

» En dehors des crises insurrectionnelles, aiguës, nos colonnes étaient toujours accompagnées par des goums de tribus soumises. Nous en connaissions tous les cheiks et les agahs, qui, eux aussi, nous connaissaient plus que nous l'aurions voulu. Ils étaient constamment dans les camps, surtout après le repas du soir, lorsqu'ils supposaient qu'était venue l'heure de la pipe et du café; puis c'était le diable pour les faire déguerpir.

» Le capitaine Safrané en était énervé plus que tout autre. A bout de patience, il trouva un jour le truc que voici.

» Il avait une demi-douzaine de cheiks sous sa tente, sa boîte à café allait être épuisée, il avait plusieurs fois prononcé le bonsoir sacramentel, et personne ne bougeait. Qu'imagine-il alors. Il étend sa peau de mouton et sa couverture, et se couche entre les deux. Les arabes le regardent, mais sans broncher.

» Safrané ôte sa perruque et apparaît avec sa tête polie comme un œuf d'autruche.

» Ses hôtes ouvrent de grands yeux, chuchotent entre eux mais ne s'en vont pas.

» Ah! ce n'est pas assez?... attendez. Safrané met ses doigts dans sa bouche, dévisse son râtelier et le pose tranquillement sur sa cantine.

» Pour le coup les cheiks n'y tiennent plus; ils se lèvent et sortent de la tente en se bousculant, effrayés du prodige et se demandant ce que pouvait être ce capitaine qui se démontait ainsi !...

» Le lendemain, ils passèrent sur le flanc du bataillon en marche, cherchant des yeux Safrané, pour s'assurer qu'il était bien en chair et en os. »

Tlemcen.

Nous avions repris notre route; animée par les récits du cousin Jean, elle me parut courte, et nous arrivâmes à Tlemcen par la route carrossable. On traverse la rivière de l'Isser qui coule à deux kilomètres de la ville, et on a devant soi comme une vision magique.

Au premier plan, les bois d'oliviers, les vergers, les jardins; au fond, la montagne en gradins, les eaux tombant en cascades limpides, de ressaut en ressaut, dans la plaine. Au milieu, la ville blanche avec ses mosquées et les murailles crénelées du Méchouar, forteresse intérieure d'où les Coulouglis, superbe race issue des Turcs et des Mauresques, disputèrent pendant cinq ans leur liberté contre Abd-el-Kader, oppresseur du reste de la ville dont il s'était rendu maître.

A l'arrivée, à Oran, du maréchal Clausel et du duc d'Orléans pour l'expédition de Mascara, les Coulouglis implorèrent le secours de la France contre l'ennemi commun, Abd-el-Kader.

Rentrant de Mascara à Oran dans les derniers jours de décembre 1835, le maréchal repartit de cette ville le 8 janvier 1836, à la tête d'une colonne de sept mille hommes d'élite, et arriva le 12 à Tlemcen.

Après avoir livré trois combats, le maréchal resta maître de la ville dont il organisa l'administration; il pourvut ensuite à sa défense et la quitta le 7 février 1836, pour regagner Oran.

L'administration, question d'argent, fut une source de grands chagrins pour le maréchal; quant à la défense, elle consistait en un bataillon de cinq cent cinquante hommes, laissés en garnison au Méchouar.

Le maréchal choisit pour commander cette troupe le capitaine du génie Cavaignac, et fit appel aux hommes de bonne volonté de l'armée. Il s'en présenta un très grand nombre de tous les corps; cinq cent cinquante furent pris et organisés en compagnies sous les ordres d'officiers également volontaires. Le général en chef s'occupa tout aussitôt d'approvisionner le Méchouar en vivres et munitions de guerre. Une quantité énorme de blé y fut apportée. La seule chose qui pût y manquer au bout de quelque temps, c'était la viande fraîche; mais les habitants pouvaient en fournir à leurs protecteurs, et ceux-ci étaient des hommes à savoir s'en procurer aux dépens des tribus voisines, en hostilité avec l'armée française. Puis, le maréchal et sa colonne repartirent pour Oran.

Pendant six mois, le petit bataillon fut bloqué au Méchouar. Les jours se succédaient, pour les soldats,

VUE DE TLEMCEN

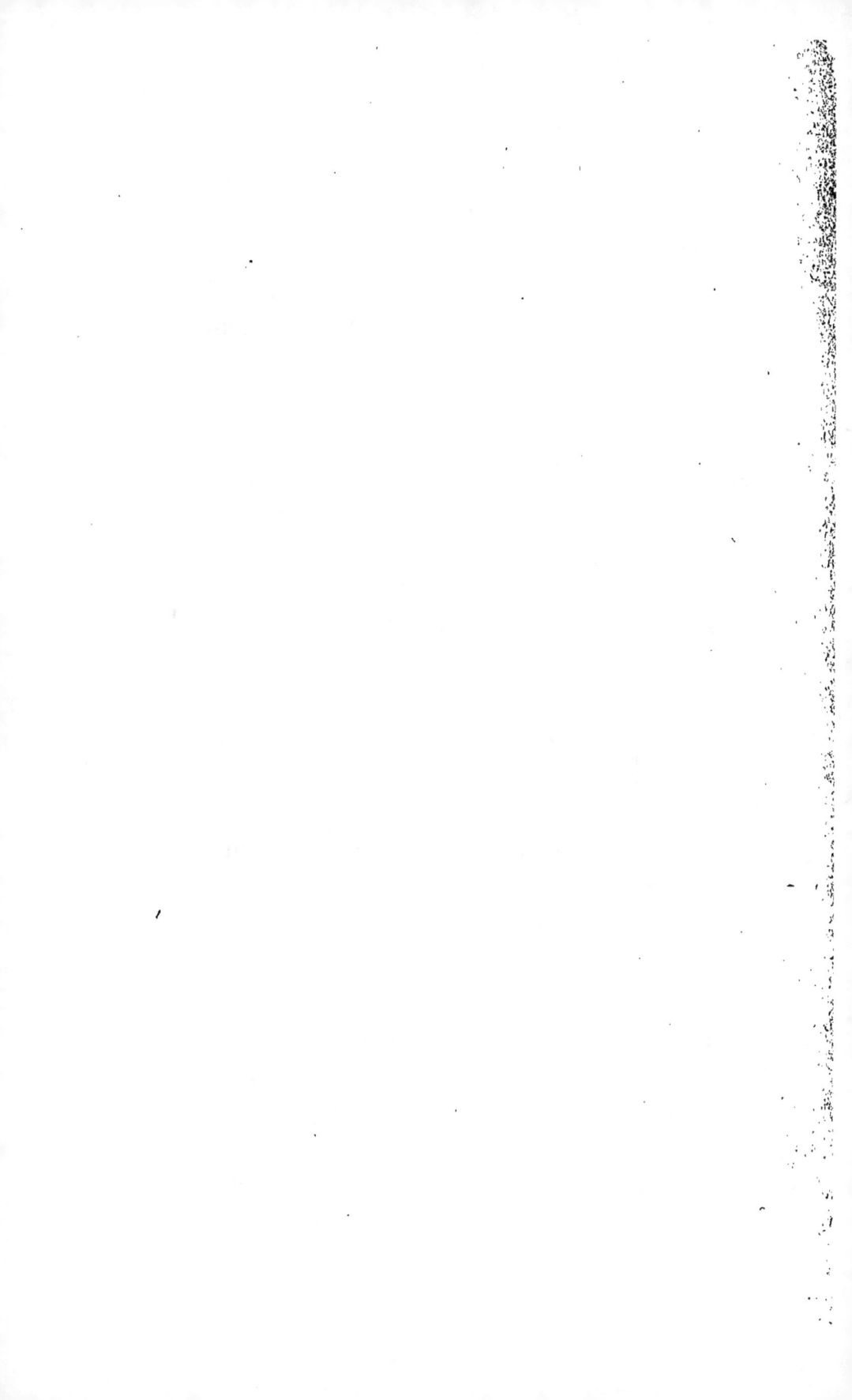

avec la même uniformité, ramenant sans cesse les
mêmes prodiges d'audace et d'adresse dans les embuscades dressées chaque soir pour se protéger, et dans
les razzias, qu'une poignée d'hommes exécutait à
des cinq ou six lieues de Tlemcen, sur les tribus
hostiles.

Au bout de six mois, pourtant, le général Bugeaud
retira le bataillon du Méchouar.

Mais, revenons au départ du maréchal Clausel de
Tlemcen, le bataillon Cavaignac une fois installé au
Méchouar.

Les Arabes semblèrent avoir réservé toute leur
audace pour cette marche rétrograde sur Oran.

Dès les premiers jours, ils harcelèrent la colonne
avec une ténacité et un acharnement tels que le maréchal dut se porter plusieurs fois à l'arrière-garde et
ordonner des manœuvres comme devant un ennemi
plus sérieux.

Au passage de l'Isser, il y eut un combat des plus
vifs, qui se termina par une belle charge des chasseurs
d'Afrique. La nuit fut très inquiétée, et il s'y passa des
faits curieux, prouvant bien jusqu'à quel point les
Arabes poussaient l'audace individuelle.

Pendant qu'une partie d'entre eux tiraillaient sur
une face, une autre se glissait dans le camp français,
par le côté opposé. Pour se rendre plus invisible,
chaque Arabe s'était dépouillé de ses vêtements ;
quelques-uns même les avait remplacés par des
branches de feuillage ; de sorte que, marchant quelques

pas avec précaution, puis s'arrêtant quelques instants, on les confondait avec les broussailles.

A cette époque, on ne connaissait pas encore l'excellente pratique des embuscades se reliant entre elles tout autour du camp ; on avait simplement des grand'gardes, en avant, sur chaque face, de sorte qu'il était très facile aux ennemis de passer par les intervalles que ces postes laissaient entre eux et de pénétrer jusqu'au front de bandière. Là, ils n'avaient à craindre que la sentinelle placée devant les faisceaux de fusils. Or, ces faisceaux, très espacés, tenaient tout le front d'une compagnie. La sentinelle, se promenant devant les armes qu'elle devait garder, tournait nécessairement le dos à une extrémité quand elle s'avançait vers l'autre.

Les maraudeurs, blottis à quelques pas de là, suivaient ses mouvements ; puis, saisissant le moment opportun, d'un bond dépassaient les faisceaux et pénétraient dans le bivouac, où, avec une dextérité merveilleuse, ils détachaient les chevaux ou mulets qui leur convenaient le mieux, et les emmenaient hors du camp, sans que ni le maître du cheval, ni son ordonnance, ni les sentinelles s'en aperçussent. D'autres fois ils s'arrêtaient au front de bandière et enlevaient un, deux, trois fusils, souvent même des faisceaux entiers.

« Un soir, me conta le cousin Jean qui m'apprenait tout cela pendant que nous parcourions les rues de Tlemcen, un soir, les Arabes voleurs avaient commencé à exercer leur industrie d'une manière assez fructueuse,

et ils l'auraient continuée tranquillement sans un inci-
dent qui mit tout le monde sur pied.

» Un des maraudeurs, passant près du feu de
bivouac des grenadiers du 62e, aperçut, au milieu des
hommes profondément endormis, un grand ballot roulé
dans une couverture.

» Jugeant qu'il devait y avoir là un butin précieux,
il empoigna ce ballot et le mit sur son épaule.

» Aussitôt, voilà sa charge qui se remue, s'agite
et pousse des cris étouffés....

» L'Arabe a peur, jette son fardeau à terre et se
sauve.

» La couverture finit par se dérouler, et il en sort
un officier de la compagnie de grenadiers, qui, sous
le coup de son étrange cauchemar, se met à crier :

» — Aux armes!

» Bientôt les coups de feu partent de toutes les faces,
et les grand'gardes se mettent aussi à tirer sans savoir
où ni pourquoi; c'était un véritable feu de deux
rangs.

» Vérification faite, il manquait quelques chevaux
et mulets, plus trois faisceaux tout entiers, enlevés
à une compagnie d'élite. Le maréchal Bugeaud en fut
de fort mauvaise humeur le lendemain, et, pour punir
la compagnie qui avait laissé dérober ses armes, il
ordonna qu'elle marcherait dorénavant avec les bagages :
humiliation dure pour des gens de cœur.

» Toujours marchant et combattant, la colonne
atteignit le *Défilé de la Chair*, après trois jours de

fatigue ; là eut lieu la dernière et la plus vive action de la campagne.

» Le matin, le maréchal, touché du repentir des grenadiers, leur donna la place d'honneur à l'arrière-garde, après avoir ré-armé tout le monde avec les fusils des hommes à l'ambulance.

» Les braves soldats se battirent comme des lions et recouvrèrent l'estime du maréchal, estime que, à vrai dire, ils n'avaient jamais perdue.

» Pour se débarrasser des maraudeurs, le maréchal Bugeaud créa le système des embuscades de nuit, longue chaîne de tirailleurs, couchés, deux par deux, dans les ravins, dans les broussailles, derrière les pierres, ne bougeant pas de leur position de toute la nuit, quelque temps qu'il fasse, l'oreille et l'œil au guet, le doigt sur la détente du fusil, ne tirant jamais qu'à bout portant.

» A force de tuer des Arabes, on parvint à les dégoûter de leur métier de maraudeur. »

Continuant notre course à travers Tlemcen et en passant sur la promenade, au centre de laquelle est précisément le Méchouar, dont venait de me parler le cousin Jean, je considérai les solides murailles de la vieille forteresse. Mes yeux s'arrêtèrent particulièrement sur une pièce de canon qui passe son cou, démesuré-ment allongé, par son embrasure.

— Ah ! me dit mon cousin, vous regardez ce canon ?

— Oui, il me paraît énorme.

— C'est un canon-potence.

— Comment, un *canon-potence !*

— Parfaitement, ce canon a servi de potence au moins une fois à ma connaissance.

— Il y a donc une histoire, à la bouche de ce canon ?

— Oui, et même assez drôle.

— Vite, contez-la moi.

— Volontiers.

Sid-El-Fadel.

« La terrible insurrection de 1845 était vaincue; le général Cavaignac avait vengé nos morts glorieux de Sidi-Brahim et l'outrage fait à notre drapeau à Aïn-Tmouchen; Abd-el-Kader était refoulé dans le Maroc, lorsque surgit un *maître de l'heure.*

» Vous savez que cette espèce pullule sur la terre de l'ignorance et du fanatisme. Le nouveau venu s'appelait Mohamed-ben-Abdalah, et était universellement connu sous le nom de Sid-el-Fadel.

» D'où venait-il? Personne n'en savait rien; mais il s'avançait sur Tlemcen, à la tête d'un millier de cavaliers des Angads, que grossissaient chaque jour ceux des tribus qu'il traversait.

» Le talisman, à l'aide duquel ce soi-disant faiseur de prodiges devait nous exterminer, était une flûte en roseau, grossièrement faite, comme toutes celles des Arabes. Au son de cet instrument, nos sabres devaient se briser, et nos fusils lancer de l'eau à la place de balles.... Pas un Arabe qui n'en fût convaincu même à Tlemcen.

» Sidi-el-Fadel se fit précéder d'une lettre au général Cavaignac :

« Louange au Dieu unique! écrivait-il. Personne
» ne lui est associé. Du serviteur de son Dieu, Moham-
» med-ben-Abdalah, au chef français. Salut sur qui-
» conque suit la vraie voie.

» Sachez que Dieu m'a envoyé vers vous et vers
» tous ceux qui sont dans l'erreur sur la terre. Je
» vous dis que Dieu m'a ordonné de dire : « Il n'y a
» d'autre Dieu que Dieu, et Mahommed est son pro-
» phète.. N'admettez pas d'autre religion que l'isla-
» misme....

» Le Très-Haut dit : « Dieu n'admet que la religion.
» musulmane. » Si vous dites : « Nous sommes dans
» le vrai et nous n'avons pas besoin de Mohammed, »
» le Très-Haut a dit, et son dire est vrai : « que le
» juif dise au chrétien qu'il est athée et réciproque-
» ment, la vérité pour les deux sert de témoignage
» en faveur de Mohammed....

» Cessez de commettre l'injustice et le désordre ;
» Dieu ne l'aime pas. Sachez qu'il m'a envoyé pour
» que vous vous soumettiez. Ainsi il a dit : « Sou-
» mettez-vous à moi et à mon envoyé. »

» Vous savez qu'il doit venir un homme qui régnera
» à la fin des temps ; cet homme, c'est moi, envoyé

» de Dieu et choisi parmi les plus saints de la suite
» du Prophète. Je suis l'image de celui qui est sorti
» du souffle de Dieu ; je suis l'image de Notre Seigneur
» Jésus ; je suis Jésus le ressuscité, ainsi que tout
» le monde le sait, croyant à Dieu et à son pro-
» phète.

» Si vous ne croyez pas les paroles que je vous dis
» en son, nom, vous vous en repentirez, aussi sûr
» qu'il y a un Dieu au ciel, qui a le pouvoir de
» tout faire.

» Salut. »

» Nous savions bien que les musulmans connaissent
et vénèrent Jésus et Marie, mais c'était la première
fois qu'on voyait le premier de ces saints noms
évoqué dans un document qu'on peut qualifier d'of-
ficiel.

» En toute autre circonstance, le général n'eût fait
que rire de ce langage mystique et de l'ultimatum qui
l'accompagnait, lui donnant vingt-quatre heures pour
quitter Tlemcen et huit jours pour s'embarquer à
Oran, avec tous les *roum* (chrétiens) ; mais il apprit
que l'envoyé de Sidi-el-Fadel, non content de lui re-
mettre la lettre de son maître, en avait fait plusieurs
copies pour les membres de la Djemah, déjà fortement ébranlés.

» Il y avait là espionnage et embauchage, et, partant, motif de frapper un coup vigoureux sur l'esprit
des Arabes.

» L'ambassadeur de Sidi-el-Fadel fut saisi, promené dans la ville, arrêté à tous les carrefours, où lecture était faite de la sentence qui le condamnait à mort, et, finalement, pendu à cette pièce de canon du Méchouar, qui était braquée sur la ville et que vous regardez avec tant de curiosité aujourd'hui.

» Une heure après l'exécution de l'envoyé arabe, nos troupes allaient au-devant de Sidi-el-Fadel, qu'on savait en marche sur Tlemcen.

» La colonne se composait d'un bataillon de zouaves, du 10e bataillon de chasseurs, de deux bataillons du 15e léger, du 2e hussards, de quatre-vingts spahis et d'une section d'artillerie de montagne.

» On n'eut pas loin à aller pour rencontrer l'ennemi; on le trouva à six kilomètres de la ville, sur le plateau de Ternit qui la domine. Huit cents cavaliers étaient rangés en bataille, ayant au centre douze cents fantassins agglomérés en une masse qui avait la prétention de simuler un carré. Leurs drapeaux flottaient au vent.

» Le général avait tellement peur de voir les Arabes lui échapper, qu'il n'attendit pas d'avoir toutes ses troupes sous la main pour commencer l'action.

» En même temps que le 15e léger tournait l'ennemi par sa droite pour l'empêcher de se jeter dans la montagne, le 2e hussards, sous les ordres du colonel Gagnon, se formait en échelons, par escadrons.

» Au commandement du général, les spahis et les kialas, conduits par le commandant Bazaine, chef du bureau arabe, s'élancèrent sur la cavalerie ennemie, et les hussards chargèrent les fantassins.

» Ceux-ci, confiants dans les promesses de Sidi-el-Fadel, attendirent la charge et n'ouvrirent le feu qu'à portée du pistolet. Notre premier échelon fut assez maltraité; mais le second pénétra dans la masse, qui s'enfuit en laissant une centaine de cadavres sur le terrain.

» Cette fuite permit au général de diriger le troisième échelon sur la cavalerie arabe, qui, vu sa grande supériorité numérique, tenait en échec les cent chevaux du commandant Bazaine. Ce renfort décida de l'action : les cavaliers tournèrent bride, nous abandonnant une vingtaine de morts, un certain nombre de chevaux et trois drapeaux.

» Ainsi, à une heure, nos troupes quittaient Tlemcen; à trois, elles rencontraient l'ennemi; à quatre, tout était fini! Sidi-el-Fadel, l'homme à la flûte, avait disparu, et jamais plus on n'entendit parler de lui. Peut-être fut-il tué par ceux qui, la veille, marchaient au son de son instrument. »

C'est à Tlemcen que se termina mon voyage en Algérie. Rappelé par des affaires pressantes, je dus rentrer en France, arrêtant ce parcours d'un pays dont chaque ville, chaque site a son histoire.

Mon cousin Jean, plus libre de son temps et toujours fanatique d'un pays qu'il arrive à ne plus quitter, me reconduisit jusqu'à Blidah, où nous devions nous séparer définitivement.

Le moment du départ arriva.... Un matin, vers sept heures, mon cousin me dit :

— Si vous voulez, nous monterons par les Beni-Moussa; nous nous arrêterons, soit au télégraphe, soit aux cèdres, et nous nous quitterons là-haut, c'est-à-dire le plus tard possible.

Je montai donc à cheval et l'accompagnai.

Comme nous traversions la place du marché arabe, bon nombre de gens de tribus le reconnurent.

— Bonjour, Sidi, lui disaient-ils; où vas-tu?

— Je pars.

— Tu quittes Blidah?

— Oui.

— Passeras-tu par...?

Et chacun nommait sa tribu.

— Peut-être, répondait le cousin Jean, s'il plaît à Dieu !

— Bon voyage, Sidi ! Que Dieu t'assiste, que le salut t'accompagne, que ton chemin soit bon !

— Salut sur tous, reprenait mon cousin. J'irai chez vous avant l'été.

A l'un, il disait « fin décembre; » à l'autre, « après les neiges; » à d'autres, au contraire, « pendant les pluies, » suivant l'emploi qu'il destinait à chacune des divisions de son prochain hiver.

Cet empressement des Arabes ne me surprenait pas. Grâce à la variété de ses connaissances, aux services qu'il peut rendre, et surtout à la bizarrerie de ses allures, à l'étrangeté de sa vie errante, mon cousin

Jean doit être accueilli dans les douars comme un derviche ou un *toubib* (médecin). Il se montre impunément où ne passerait pas un bataillon, n'ayant rien à craindre ni jour ni nuit; son dénûment fait sa sauvegarde.

— Le plus sûr, me disait-il à ce propos, est de ne tenter personne et de s'en rapporter au proverbe turc : «Mille cavaliers ne sauraient dépouiller un homme nu.»

Quand le soir approcha, le cousin Jean interrogea la hauteur du soleil; puis :

— Il est quatre heures, ou peu s'en faut, me dit-il. Vous avez juste le temps de vous laisser glisser jusqu'aux sources de l'Oued et de rentrer au trot par le ravin. Moi, je n'ai qu'une petite marche à faire : deux lieues de pente douce, et je trouve un douar.

Là-dessus, il siffla sa jument, qui vint d'elle-même, et, par une vieille habitude, lui présenta le côté du montoir. Une fois installé sur sa selle, brusquement il me tendit la main.

— Quand nous reverrons-nous ? demandai-je.

— Cela dépendra de vous; revenez ici. Quant à moi, qu'irais-je faire en France... je ne suis plus des vôtres !

Presque aussitôt, il s'éloigna lentement, me criant encore :

— Bonne chance !

Cinq minutes après, je n'entendis et ne vis plus rien. Je regardai le sud où s'en allait le cousin Jean, puis le versant nord où j'allais descendre.

— Ton frère est parti? me demanda, en me tenant l'étrier, l'Arabe qui m'accompagnait.

— Oui, répondis-je.

— Et toi, où vas-tu?

— Moi? je vais à Blidah, et dans trois jours je serai en France !

FIN

TABLE DES MATIÈRES

— Lille, Typ. A. Taffin-Lefort. 1892

En joignant à la demande le prix en un mandat ou timbres-poste, on reçoit *franco*.

Volumes in-8° à 1 franc 25 centimes.

AMÉRIQUE (l'), d'après les voyageurs les plus célèbres; par un homme de lettres.

AVENTURES DE L'ÉVEILLÉ (les); par Eug. Parès.

BANQUE DU GATINAIS (la); par Abel George.

BIOGRAPHIES LORRAINES; par M. le comte de Lambel.

BYRON (Lord) : sa Biographie et choix de ses poèmes mis à la portée de la jeunesse; par A. E. de l'Étoile.

CHATEAUBRIAND (Vie de Madame de); par Félix de Bona.

DEUX AMIS (les); par S. Bigot.

ÉMERAUDE DE BERTHE (l'); par M. Ange Vigne.

ÉPISODES ET SOUVENIRS de la guerre de Prusse; par M. de Montrond.

GROTTE DE LOURDES (la); par Mlle Amory de Langerack.

JEANNE D'ARC : récits d'un preux chevalier; par M. de Montrond.

JOB LE LAPIDAIRE; par Abel George.

LAZZARO LAZZARI, voyage humoristique en Italie; par le même.

LÉON XIII (le pape); par C. d'Aulnoy.

LEQUEL DES DEUX? par S. Bigot.

LUTTES DE LA VIE (les); par M. Gaston Bonnefont.

OCÉANIE (l'), d'après les voyageurs les plus célèbres; par un homme de lettres.

PAUL LENOAL : Haine et Charité; par Alexandre Vivier.

PETIT DUC (le), ou Richard sans peur; par M. Langlois.

PROMENADE HISTORIQUE ET TOPOGRAPHIQUE EN ALGÉRIE; par le Dr Andry.

PROVERBES (les) : Histoire anecdotique des Proverbes; par Mlle Amory de Langerack.

ROI DE BOURGES (le); par J. P. des Vaulx.

SOIRÉES DU VIEUX MANOIR (les); par M. du Hausselain.

SOUVENIR D'UNE MÈRE (le); par G. de la Chataignerie (Jeanne France).

TROIS CŒURS D'OR; par Abel George.

TOUT POUR LA PATRIE; par Toby Lix.

UNE MAITRESSE D'ÉCOLE; par Aymé Cécyl.

UNE SEMAINE A CRACOVIE; par Mme la comtesse Drohojowska.

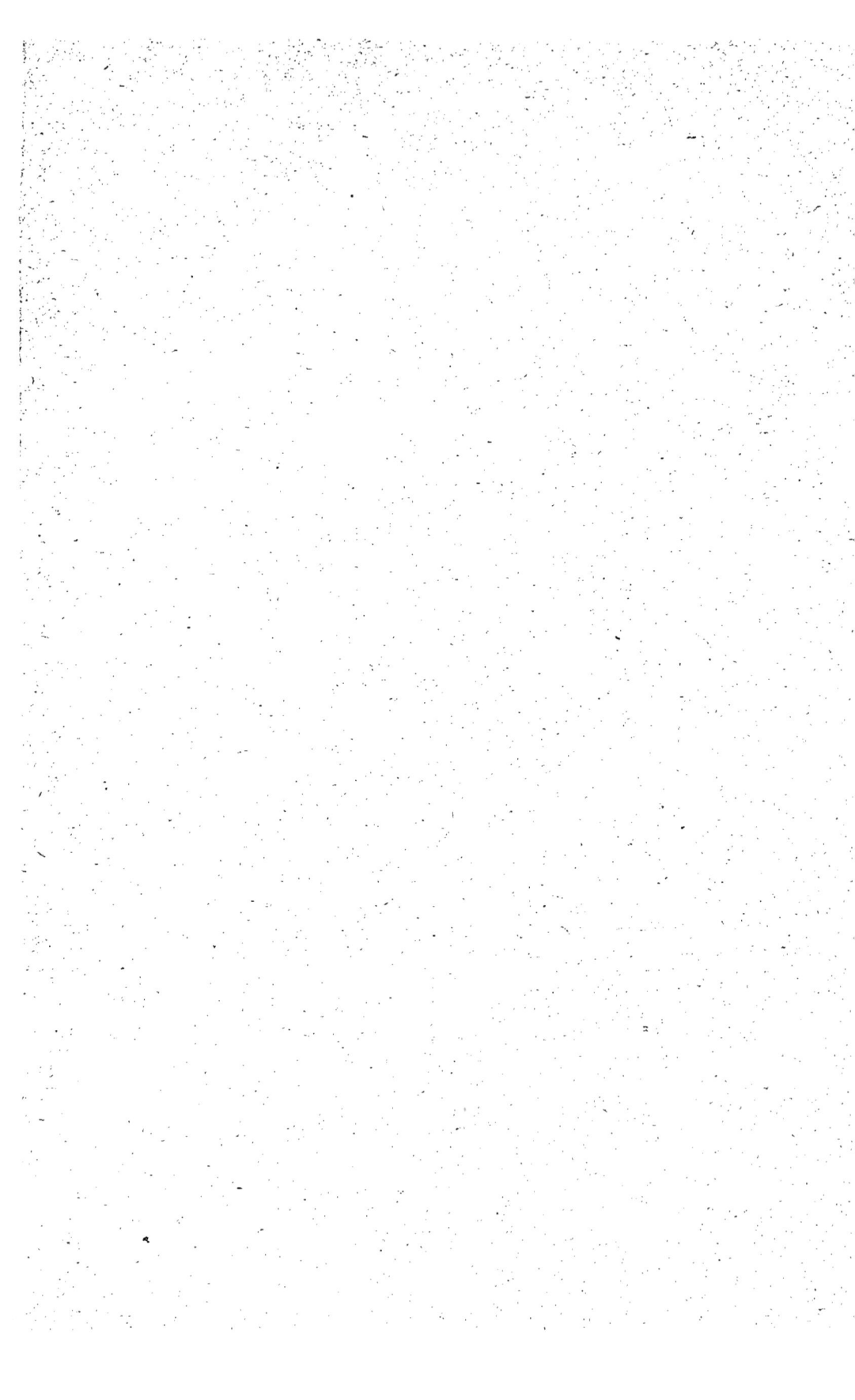

www.ingramcontent.com/pod-product-compliance
Lightning Source LLC
Chambersburg PA
CBHW060800110426

42739CB00032BA/2320